表裏柯P／迷思與真相

市政記者的柯文哲千日紀實

王彥喬 著

推薦序

從新聞莽林中殺出一條血路

風傳媒總編輯　吳典蓉

為何要當記者？這是每一位選擇記者作為志業的人，都該反覆求索的；彥喬剛成為記者沒有多久，就曾嚴肅又熱情的告訴我：「我想當一位調查記者」。坦白說，我當時並不看好，但彥喬卻在短短三年內證明她有擔任調查記者的能力及勇氣。

為何不看好？畢竟台灣新聞界來不及建立這個行業的正典就已開始崩壞，多少記者跳船？多少重要線路斷層荒廢已久？別說調查記者如稀世珍寶，即使優秀記者都屈指可數；典範已遠，當代的新聞環境又極為惡劣，假新聞、新聞置入、放話新聞充斥，一位年輕的記者要在這樣的資訊莽林爛泥中殺出一條血路，誠非易事！

因此彥喬作為新世代記者，一方面是不幸的，但另一方面也幸運；正因為典範已遠，她可以靠著記者天生敏銳的直覺、以初生之犢闖蕩新聞江湖，從青少年吸毒、弱勢消費者權益、乃至台北市家暴地圖、新北高風險地圖、弱勢照顧弱勢的悲劇等，彥喬的心血成為風傳媒一篇一篇深刻的調查報導；其間彥喬還採訪了三次台北上海雙城論壇，孤軍深入中國十九大及兩會；彥喬三年記者時間，總共完成兩千一百七十五則採訪，其中兩百一十五則調查，四十二則風數據，又急又切，因為她必須跟時間賽跑，我們這個世代的記者，也許有二十年、三十年的時間，但彥喬這個世代，五年後，沒有人可以預料新聞會變什麼樣子。

當然，作為記者不可能無邊無際，總要有自己的專業領域，新聞圈的行話就是什麼線路；彥喬剛踏入記者這一行，適逢白色力量風起雲湧、將柯文哲拱上台北市長寶座，柯市府正是彥喬必須負責的線路，這再度是有好有壞。柯文哲是台灣少見的魅力型政治人物，舉手投足都是焦點，每天的新聞可說是海量，稍一不慎就可能會淹沒在資訊汪洋中，淪為啦啦隊員或花邊新聞耳寫手。

從《表裏柯Ｐ：迷思與真相——市政記者的柯文哲千日紀實》一書就可看出，彥喬完全掌握了「柯文哲現象」的意義、以及柯文哲對政府及政治體制的衝擊，可以說，她在踏進市政府採訪的第一天起，就有心理準備要為台灣留下一段重要歷史，新聞是歷史的初稿，正因為彥喬心中已有歷史的高度，她並不以日常的獨家、幕後為滿足，而是深入調查柯文哲的行事作風，柯市府的關鍵運作；例如，柯文哲曾自比雍正皇帝，他常掛在口中的「軍機處」究竟如何運作？還有「密摺制」鼓勵市府員工直達天聽，但也可能破壞層級體制？柯文哲倚重親信蔡壁如，但她著重執行的強勢作風讓她有「地下市長」之稱。彥喬這本書幕後不少，但更重要的是她透過巨觀及微觀的調查採訪，深入解剖一位新興的政治領袖。

柯文哲是少數政治人物中、有「柯粉」及「柯黑」激烈對陣的，這更襯托出《表裏柯P：迷思與真相-市政記者的柯文哲千日紀實》一書的意義，只有專業記者的深入調查，才不會陷入「捧柯」或「黑柯」的鬧劇。無論如何，台灣社會值得有一本真實版的柯文哲！

彥喬與柯市府的關係絕非風平浪靜，從採訪對象被要求測謊到有意識的拒絕她查證，曾有一位市府官員親口跟我說：「我們都不敢接她的電話。」這並非彥喬做了什麼假新聞，反而是因為她不願人云亦云、力求真相；真相可能令權力者不快，但記者少了追求真相的勇氣，媒體及新聞豈非淪於宣傳品、失去存在的核心價值？

這正是台灣當前新聞界最大的問題，台灣的政黨惡鬥也擴及媒體，當媒體報導也都帶著政黨或意識形態的有色眼鏡，台灣新聞的末路已不遠；我寫這篇文章的此刻，彥喬已決定離開新聞界，再開創人生第二軌道。我祝福之餘也為台灣的新聞界惋惜，難道台灣的新聞界終究沒有優秀記者發展的空間？

自序與感謝

作者　王彥喬

真實柯文哲，
公關包裝下的不可得見

撰寫本書的動機，起於兩年前的六月份。

二〇一六年，當自己因柯文哲對我可能的消息來源測謊，不知不覺陷入新聞事件中，對於才擔任記者一年多的我，無疑是職場上的震撼教育，當時，首都市長柯文哲，為追查報導內容的資訊流出源頭，透過外找民間公司的測謊手段揪人，致有市府同仁因不願受辱而「被離職」，之後，再發生柯P當面對我言稱「殲滅」、對記者展開封殺，以及經檢視一連串柯P的政治、政策思維後，讓我再也不能更清楚地意識到，**柯文哲不是柯文哲，他是政治幕僚、媒體幕僚以及他本人，塑造出來的「媒體柯文哲」**。

柯文哲身為台灣少見的政治人物，不論在言詞、行為、思維上，都有別於其他，一時引起台灣輿論的大力討論，且多為正面，然而，多數的民眾，一方面無法得知眼前這位市長的檯面下面貌，即便新聞中透露出他不為人知的本質人格缺陷，在沉默螺旋的氛圍下，也難以被真正理性討論與正視，如此的環境，造就了大家腦中認識柯文哲的「誤區」，形成一個偏狹、不完整的、由政治公關主控下的柯文哲圖像，但多數人卻基此投下神聖的選票，基此決定台北市一屆四年的未來，這就是當前台灣的選舉現況，對民主的成熟與進步，相當不利。

沒有人是完人，我更無意要求執政者必須是完人，但我認為，台灣的選民靠每四年一次的選舉，希望選出一位好的候選人，為台灣民眾服務，候選人與選戰團隊，往往只需在關鍵時刻做好危機處理、保持群眾魅力，加上風風火火的數位行銷包裝，就能勝選，柯文哲就是其中的典型代表。

勝選後，對選民的承諾、保持正直、不欺騙等，很容易因權力的到手與把持而拋諸九霄，選民即便在四年內對政治人物有不滿，下一場選舉到來，仍容易被競選團隊經過多次驗證有效的煽動策略欺瞞而投票，無形中，台灣在過程中已歷經許多不可逆的代價。

這樣被公關政治玩弄與控制現狀的政治生態，加上日趨惡化的媒體環境助長，對於促進台灣的民主、選民的更加理性並無助益，甚至是倒退的，政治公關顯然化身台灣選舉時的必要元素，甚至是主軸，市長的政治、媒體幕僚，往往選擇先對雇主（市長）負責，而非對真相與公共利益負責，也非對台灣的民主負責，精美的包裝阻礙小市民將一位市長看得通透，市民仰賴媒體提供的部分真實、美化真實，甚至扭曲真實，來拼湊對候選人的了解，並危險地前往投票。

身為一位記者，我不願意看了這些光怪陸離之處而不說話，因此，催生了這本書的出版，第一本非由柯Ｐ本人，也非由競選包裝團隊所寫，以無黨無派的記者監督角度，描述柯文哲第一次首都執政的專書。

柯Ｐ當選台北市長，是時代鐘擺的結果，他的出現，以素人之姿，代表的是「不官僚」、「不世故」、「純」，但同時也是「零經驗」、「不知疾苦」、「欠專業」的代名詞，當我們運用選票的力量信任一位候選人，代表我們信任他的人格，賦予依據他的喜好與經驗下決策的權力、賦予他在台北市產上動手的機會，是種全然的信賴，首都的起伏榮辱也將由他主導，你我與共，因此，怎能不做到嚴格監督？

身為跟追柯Ｐ第一任市長任期的記者，我每天的工作就是圍繞著柯文哲及其市政團隊，嘗試洞悉府內發生事情的背後，包含那些柯市府團隊不願、不想公開的秘密。本書耗時三年多，第一手記錄柯Ｐ在其素人市長任期的諸多關鍵作為，並不意在對柯Ｐ的好壞下定論，卻意在協助讀者看到柯Ｐ的多元面向、認識檯面下的他，一個妳／你想像不到的更深入的他，盼在二〇一八年的台北市長投票前夕，能將更多的「柯Ｐ真實」呈現到選民面前，善盡作為負責任記者的告知義務；最終，當然——依舊是大家自己決定票投哪一位首都候選人，你、我、我們，集體為該結果負責。

記者工作對我而言，是相當珍貴的，它讓我擁有一支筆，可以理直地替新聞讀者將問題深掘、替公眾守好是非對錯的底線；於自身而言，發展看事情的角度、思考台灣大局、體驗跨領域、跨階級的人物與事件。

我很感謝《風傳媒》的董事長張果軍先生，創造這麼一個大平台，賦予我一片寫作天地，與營運長溫芳瑜女士、會員經營處總監沈冠英先生，一同給了我機會，讓我得以學習了解在艱難的媒體環境中，如何經營獨立媒體，經驗異常珍貴。

我要深深地向《風傳媒》總編輯典蓉姊致敬，是妳給我無限大的發揮空間，在台灣媒體界競逐點擊率的氛圍下，從不計較點擊多寡，讓我得以追逐我認為值得報導的好議題，我好愛您！感謝夏珍姐、紀宇哥、紹煒哥，給予我許多寫作上的觀點指導，夏姐待我有如女兒般的指點人生方向，至今依舊感動。

家人、朋友、同事，以及身邊幾位貴人、恩師們，給予我好多心靈與具體行動上的支持，感動的是，《風傳媒》會員經營處的Ivy與Jacky，在本書出版面臨困境時，義無反顧地站出來，用實際行動保護了它，並一路陪伴；我在大學任教的我的學生們，也在無形中給了我靈感，還有數不盡的消息來源對本書內容的貢獻，也讓我有無盡的熱忱、持續寫作，彥喬的今天，有您們的助推，何其榮幸！何其感恩！

此書的出版，相信或多或少將會引起網友、柯粉、名嘴、媒體評論對我在市長選舉中，或幫藍，或幫綠，或甚至自己要參選、求名氣的質疑，我能理解，因此，本人在此聲明，寫這本書，一如我三年來、一千多個日子，憑著監督掌權者的心情寫下的兩千多篇報導一樣，殷殷渴盼將方方面面的真實柯文哲帶到每一位市民、關心政治、關心台灣未來的人面前。

我沒有任何參選打算，更無意願助任何政黨勝選，自己也無黨派，本書於二〇一八年初完成後，我也因生涯規劃離開了新聞界，因此，更無由利用本書獲得任何自己往後新聞採訪上的方便與好處，本書的出版，於我本身，無所求，而這正是我能公正執筆的底氣，我唯一忠於的是我在新聞領域戮力深耕後的觀察與判斷。

「願用柔軟的心俯瞰社會，關注價值，期待良善」——這是我從事記者第一天的自我期許。還記得，撰寫第一篇新聞時，讓我流下了淚，不是什麼了不起的新聞，只為寫作過程中感受到肩上應對讀者負責的沉重擔子，產生的強烈情緒所致；三年後的今天、敲打本書每一個字的當下，期許不曾變過，只願本書的觀點，能帶動些許社會集體思考的漣漪，我想，這就是身為一位記者，自覺最偉大也最渺小的想望吧！

願　書中總有那麼些文句，能讓你產生共鳴。

二〇一八年愚人節寫於家中

王彥喬

目錄

第二章

柯P與台北市政

目錄

結語

柯文哲的對手，只有柯文哲

第一章

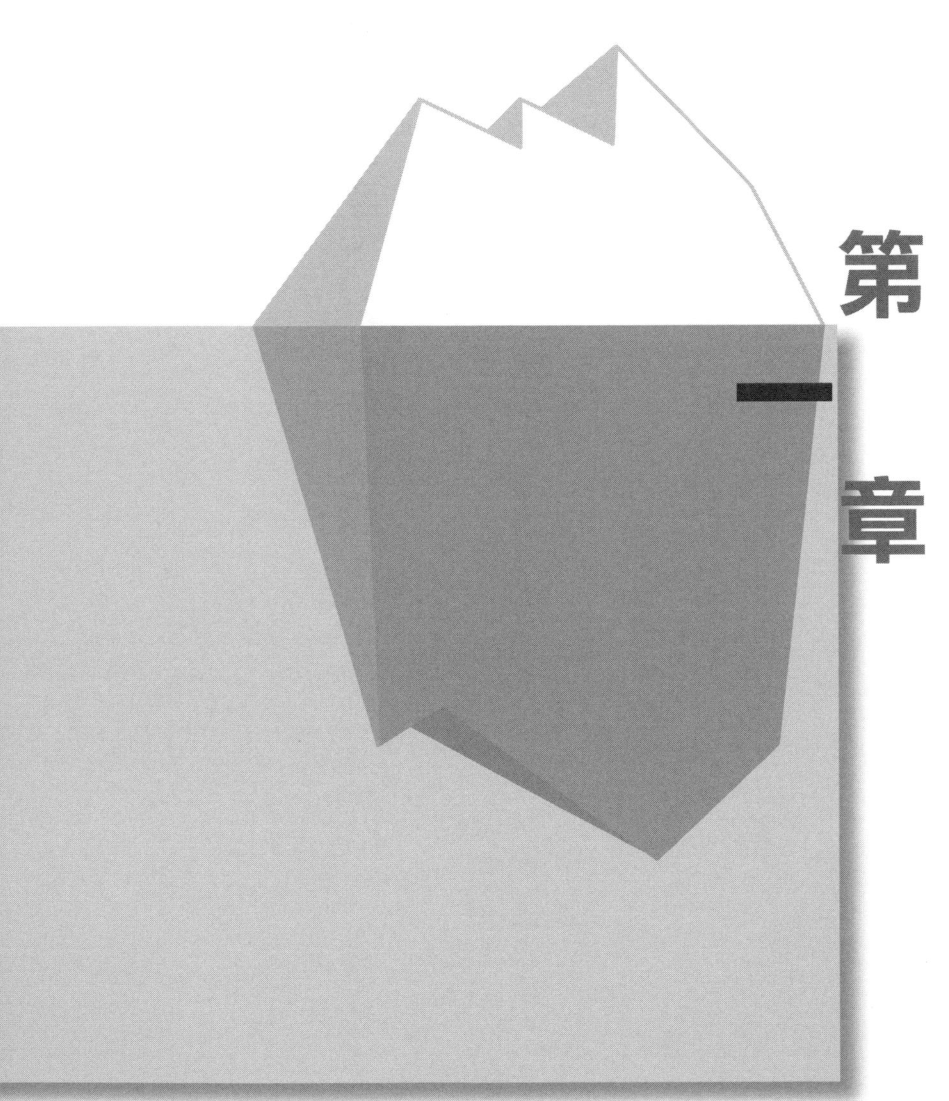

柯 P 性格

「我墓碑上的字都想好了：『這個人的決心和勇氣，改變了台灣的歷史』。」柯文哲脫口而出，這是他為自己的歷史定位立下前進的目標。

1

蔣渭水對柯文哲的政治啟蒙

「你那麼注重歷史，你希望後代怎麼記得你？」

「我都想好了，我墓碑上的字都想好了：『這個人的決心和勇氣，改變了台灣的歷史』。」

柯文哲一邊口中咀嚼著菜餚，一邊自然而然地脫口而出，不經思考的，這句話早已熟練地在他腦中打轉，這是他為自己的歷史定位立下前進的目標，他也自認往該方向前進著。

「到現在為止，你不覺得九合一選舉、一日雙塔、世大運，你想到一個什麼樣的局面？逆轉勝就是不可能，所以一百年後的人會怎麼紀念這個人，這個人doing something impossible」，他繼續說「你只要看過世大運的閉幕演講，就知道是他以後的演講，但人生的路還沒有走完，所以該怎麼做就怎麼做」，這時的他，已經開始吃著服務員放在他眼前的一小罐香草冰淇淋，在二〇一八年初的十度低溫，絲毫不打哆嗦，吞起冰淇淋是大口大口的。

趁著這股順暢的應答，我使出了記者本領，忍不住多問了一句：「你希望大家用什麼字眼記得你這個總統？」你可能已經注意到，我在問句中，刻意埋了「總統」二字，想看他的反應，是否會糾正。

柯是聰明人，他清楚知道眼前對答的對象，是每天專門跑他的市政記者，更清楚這一回應，很有可能透過我的筆傳出去，影響到民進黨與他的關係，但顯然，柯沒有打算做任何的更正或否認，嘴巴內依舊塞滿了冰淇淋，但此時的目光已經從冰淇淋轉為斜前下方，望向他那一盤他因為吃不完而不斷往上堆疊的食物，內有米糕、絲瓜蛤蠣等，他小聲地複誦了一次「總統」，沒有太多表情，吐出五個字：「決心跟勇氣」。

這個人對什麼有決心？對什麼有勇氣？我還沒來得及往下問，柯P已經自顧自地發揮起來了。

「一個人老是逆轉勝，久了，也會太過於輕敵，不應該把奇蹟當作常規，其實你們看都是奇蹟，其實我們都有準備」，儘管外界很多看衰的聲音，柯文哲也不是沒有自我懷疑過，但一路以來，他時常掛在嘴上的是：「成功沒有偶然，只有失敗才是偶然。」一如他自小習慣當一位好學生、好醫生，這是他用了過去五十八年生活經驗，體會出來的「出人頭地學」。

「從九合一選舉怎麼可能打贏，如果回到二〇一四年二月，怎麼可能？竟然！哈哈哈……」直到二〇一八年初，他依舊沾沾自喜於那場二〇一四年的選戰。

就像是一位老人家回憶起當年勇，他說：「張榮豐說二〇一四年是淮海戰役，二〇一六年是都江之戰，國民黨被殲滅」……他的腦中，也依舊殘留著二〇一四年打敗當年「大連艦隊」的得意氣焰……。

柯文哲是位學習能力極強的人，三年多來，有很多的「變」，然而，一個人「不變」的部分，就是他的根本性格，即本質，我將他簡單稱為「柯P性格」，這將會一直一直地跟著他，不論是當醫師，還是市長，抑或是他覬覦的總統大位。

一位領導人的性格特質，勢必要從多元的面向觀察，甚至從細節當中檢視，才能理解他多面向的本質，因著他的本質，引導出一系列相應的決定，當中，當然包括對台灣的「核心理念、定位」與「大是大非」的決定。而對一個人的理解，除了客觀環境對他的期待與對他造成的改變，他如何看待自己，如何給予自己期待、將往哪裡去，是作為每一位有心理解柯P的台灣選民，不能夠忽略的。

觀察一個人，不能去脈絡化，因此，我選擇從柯P過去的生活經驗聊起。

「我認為我這場選舉，是繼承蔣渭水醫師九十年前沒有完成的命運。」這是二〇一四年柯文哲宣布參選後，在蔣渭水公園所說。

蔣渭水不但是柯文哲的政治效仿者，也是政治啟蒙對象。源於蔣渭水與柯文哲的諸多雷同處，讓喜愛以歷史縱深觀察人活著目的的柯文哲，很自然地，將蔣渭水的所作所為，投射在自己身上。

蔣渭水與柯文哲都是醫師出身，柯文哲的身上有很強烈的「我們」與「他們」區別，對於同為我族類的醫生們，他總是特別感興趣，也更容易將醫生們視為「自己人」，這點，或許是亞斯伯格症的依附性格使然，也或許是柯P在過去三十年的生涯都跟醫生接觸，眼裡看出去的風景，會自動挑選出「白色」為主的故事，無可避免地，相對封閉，也相對菁英。

蔣渭水讀醫時，醉心於政治與社會運動，但對政治的了解僅止於新聞報導與街談巷議，此與柯文哲頗為類似，柯在就讀台大醫學院時期，除了每天用功讀書，空閒之餘，也會到街口坐在板凳上，與人交談，了解小民的生活與想法，這也算是他的政治初始啟蒙。

蔣渭水與柯文哲同以醫界為出生，政治路上也是以醫界人脈為基地，蔣渭水對政治的興趣從學生時期起，與當時的林獻堂共同以議會請願運動為發端出名，出名後，蔣的「臨床講義」診斷台灣人患了「知識營養不良症」，遂成立台灣第一個本土性社團「台灣文化協會」，來帶動社會對公共事務關心的熱情，文協雖歷經分裂，但卻也因此帶動更多的社會組織萌芽，像是青年會、請願會及政治醒覺為功用的組織，達到民間自主開化民智的功效，星火燎原。

柯文哲自認與蔣渭水是相像的，自己的祖父與父親與日治時期也有很深的淵源，在二〇一四年十一月二十七日的選戰熱階段，他在蔣渭水公園發表了演講，可說是他將蔣渭水對他的影響，無遺的表露出來，以我對柯文哲的了解，字句中可見「柯P用語」，因此，這份講稿很大程度經柯文哲修改，或幕僚撰寫後經他增刪：

> 蔣渭水醫師是我參政的精神導師，在紀念公園內的銅像，他一手拿著醫生的看診包，代表醫病、醫社會、醫國家；另一手抱著書本，代表新文化、新知識、新觀念。我繼承蔣渭水醫師的「文化頭」精神，來打這場台北市長的選戰。因此，我標舉：「改變台灣從首都開始，改變台北從文化開始，這是一場以文化為主體的社會運動。」
>
> 一九二五年元旦，蔣渭水先生在《台灣民報》發表名為「暮鼓晨鐘」的文章，文章當中強調：「文化協會，不只是文化協會，而是台灣人的文化協會。文化協會要提攜台灣到達自由、平等、文明的地位。」如今讀來，特別有所感觸。
>
> 台灣曾經是許多統治者的殖民地，統治者曾經以「鳥不語、花不香、男無情、

女無義」踐踏我們的祖先；也曾經以「貪錢怕死愛面子」污衊我們的祖先。因此，當年蔣渭水等民主前輩推動文化協會運動，就是要振興「自由、平等、文明」的台灣人精神。

前幾天，我發表「愛與擁抱，推倒高牆」的演說，希望市民能夠推倒意識型態的高牆，結束對立、結束叫罵、結束仇恨，以愛擁抱台北。這不是一句口號，而是未來我們共同努力的目標。

記取歷史教訓，才能夠從仇恨的束縛當中獲得解放，真正得到自由；市民同胞之間互助友愛、相互疼惜，人與人之間才能夠真正的平等；尊重我們的競爭對手以及他們的家人，台北市才能夠成為文明城市。

柯文哲參選台北市長以來，雖然受到許多打擊以及辱罵，甚至波及我的父母和先祖，但是我選擇理解與寬恕，因為，只有放下仇恨，這座偉大的城市才得以繼續前進。

我在這裡要懇求支持柯文哲的朋友，如果您相信「One city one family」，台北是我們共同的家，請尊重和我一起參選的對手，因為投票之後，我們彼此還是朋友。我們不要以文字、言語、圖像或者行動，攻擊或羞辱我的對手以及他的家人；我們應該以同理心，了解他們的憤怒以及所受到的傷害，因為這些憤怒與傷害，我和我的家人也曾經承受。愛我們的對手如同家人，就從此刻開始和解，台北才能繼續前進。

在蔣渭水悲天憫人的精神之前，懇求您以愛與擁抱，共同開創「自由、平等、文明」的新台北。感謝各位，謝謝大家。

——柯文哲　在蔣渭水紀念公園

柯文哲對蔣渭水的認同，還在於蔣渭水有強烈的「民族主義」與「台灣認同」，而柯文哲的參政似也受到蔣渭水的啟發。蔣氏開辦的文化協會的遠因，在於看到日本人長期對台灣人的壓迫與不公平待遇，而柯文哲也在多個場合自比處境，稱是因為受到國民黨政府的不公平壓迫，才動了想從政的念頭，當中不無可推敲出不謀而合的際遇。

事實上，我認為，柯對蔣渭水的故事早已熟悉，否則也不會還在台大醫院當醫師時，就參加陳水扁開辦的凱達格蘭政治學校，成為第十期的學員，有計劃地結交政界友人，顯見柯文哲的政治火苗，早已存在，他口中因國民黨的壓迫，包括MG149、台大愛滋器捐案的一系列調查，都僅能算是從政近因，這些經歷都只是讓他對自己的身世跟蔣渭水的時代背景有了更好的對接，找到一舉「出師」的正當性。

之後，柯文哲也意圖效法蔣渭水的「文化演講會」，藉由政、商、學界的演講邀約，柯文哲只要有時間，就會安排到處宣講，他也曾在一次在紀州庵的演講尾聲提到：「政治人物晚上去吃飯應酬，不如來今天這種高水準的聊天，文化是很多論辯才能形成的。」顯見柯文哲有意透過市長任內，效法蔣渭水的文化宣講，而在柯文哲的腦中世界，也真心認為，自己能繼承蔣渭水在台灣的遺志。

不過，我始終相信，關鍵時刻的關鍵作為，才能真正體現一個人的本質與德性，在現在不到一百天的競選階段，柯文哲的言詞、行為，是否真如他在演講中所說：帶頭結束對立、結束叫罵、結束仇恨？是否不以或明或暗的文字、言語、圖像或者行動，攻擊或羞辱競爭對手？看倌各有體會，也還有待時間來持續印證。

「再怎麼樣，柯文哲都是一個很有趣的演員，因為他就是思想家。」

——柯文哲　二〇一八

2

朕意已決！
柯文哲的四年雍正帝王統御術

柯文哲是個極重視歷史的人，因此，始終期盼自己在後世的歷史中，能有隻字片語，甚至成為影響台灣歷史的偉人，他渴望知道歷史人物是如何地被紀錄、如何才能被紀錄，因此，身為一位政治素人，「借鏡歷史」成為他自認很重要的一項功課。

蔣渭水開啟了他對政治的啟蒙，開啟了他對自己與台灣要如何認知的大底基礎工程，但要如何將目標落至實處，清帝雍正的治國之道，就是柯文哲相當重要的借鏡對象。

身為一市之長的柯文哲，其實等同於一市之皇帝，從諸多柯文哲的言行，也可感知他在認知上，也以「皇帝」自居，會議中的「朕意已決」、「普天之下，莫非王土」、「天子腳下就近看管」等，都是柯文哲常常掛在嘴上的柯Ｐ名言。

不僅僅在浮面的言詞上與皇帝雷同，柯Ｐ也擁有許多雍正治理國家的特質，或許是亞斯伯格症自閉症的緣故，不難發現，他的腦中有個他幻想出的小世界，而這個世界中有他幻想的一切情景，他就是帝王，擁有帝王的權力與至高無上、不可挑戰的權威，而這也是許多時候，柯文哲給人特別威權感受的原因，二〇一五年市長上任第一天，就當面怒斥信義分局長李德威，即是明證，是標準的酷史。

若仔細將柯文哲的性格特質、行動與雍正相比，可見諸多雷同，也可見柯文哲以雍正作為第一次擁有政治權力的行動樣板。

一、如雍正的「不逐是逐，逐是不逐」

康熙晚年，諸皇子爭奪儲君位，對皇權虎視眈眈，四皇子胤禛（即後來的雍正）當然不例外！在客觀形式下，他在朝中的勢力不如老八、聖寵及軍事實力不如老十四，但他善於審時度勢、搜集情報，在康熙晚年，太子允礽因不耐四十年儲君位，而自大，妄想妄言早日登基的野心，醞釀康熙與太子的嫌隙，終至廢黜太子，大阿哥允禔也遭發現因覬覦皇權，施加妖法禍害太子而被拘押。

康熙雖要滿朝文武推薦太子人選，正當各方攢動，拉幫結派地意圖謀得太子位時，雍正反其道，他站在康熙的立場思考，父皇肯定對當了三十多年的太子感到痛心，不忍真正廢黜，才會猜測太子是一時遭鬼神迷惑住，如今大阿哥魅惑一事落入口實，太子也就有千百個回朝的理由，康熙更有台階可下，因此，雍正不同於「老八幫」一致舉薦老八，雍正上書復立太子，後果真如其猜測，即便眾人勸立老八，康熙一句話就能讓太子復立。

雍正也從中理解到，在爭奪皇權的路上，實力僅是其次，獲得聖心青睞比什麼都強，因為獨裁的皇帝只要一句話，就決定了一切。

雍正所想，在所有阿哥，甚至父皇之前，給了自己一個得以鳥瞰形勢的制高點，將線放遠，當然，這當中也要經過極大的風險，即老八若真的成了儲君，可就大大不妙，不過，若不願經此風險而躁動，也非上策。

其後，抓準了康熙痛恨諸皇子為爭奪皇權不顧父子、手足之情，康熙更是做到歸隱，當起了弄花弄草的閒人，跳脫爭奪圈，平靜如水，讓眾皇子不以他為假想敵，也就不會經歷鬥爭下的勢力削弱，最終看準時機，一舉得道。

雍正奪位的哲學在於「不逐是逐，逐是不逐」。即表面上看起來沒有爭奪，實則拿準了康熙帝心思，不爭才是真正的爭，而非流於表面的爭奪！這就是雍正。

二〇一七年，台北市長選舉逐漸進入白熱化，各方人馬競相出籠，起初，不甘再讓位的民進黨立委姚文智，挾著許多深綠民眾的支持宣布參選，前台南縣長蘇煥智以無黨籍參選，國民黨方面有政壇老將丁守中、市議員鍾小平、前立委孫大千、前陸委會副主委張顯耀，爭取黨內提名、無黨籍的台大教授兼網紅李錫錕聲勢看漲等。

然而，面對這些勢力來襲，正常人該有的焦慮，柯文哲也少不了，在市政上顯得急躁，對要推展的事卻又顯得保守，但他焦慮對手勢力上漲之餘，也不忘將焦點放在自己眼前該做的事上，他時常掛在嘴巴上的是：「把每天的市政做好，就是最好的選舉。」

當然，市政做得好與不好，各有解讀，但他這個思考方向，確有助於穩定自我及團隊軍心，事實證明，到了二〇一七後半年及二〇一八年初，各家民調支持度，不論已經浮上檯面的候選人怎麼排列組合，柯文哲的民調基本維持在穩定的四成五上下，而柯文哲也越能從中體悟，凡事處變不驚，不因單一新聞事件而自亂陣腳的重要性。

事實上，台北市政千頭萬緒，柯文哲到了最後一年，雖對市政越來越上手，但依舊有處理不完的市政需要他的事必躬親。柯文哲面對外界對其選舉動向的關心，不管外界怎麼批評，他總能安慰自己，照自己的方式，做每天該做的事，雖然仍然無法避免自亂陣腳的時候，但他公開引用日本戰國名將武田信玄，在軍旗上書寫的話語：「不動如山，疾如風，徐如林，侵掠如火，不動如山！」來自我告誡及慰勉。

二、如雍正暗收敵軍，以備不時之需

雍正在朝中的勢力，起初不如他的兄弟，但他先是隱忍、暗中收攏敵軍，只待最後一刻的奮力一搏，對柯文哲來說，也是如此，只是現在還沒有人有辦法得知，柯Ｐ的奮力一搏會在何時。

柯文哲初來乍到台北市，擔任一市之長，對一切都是極為陌生的，除了千頭萬緒要接手的台北市政，還有更嚴峻的——政界人脈不通的問題，而這代表了在政治實力尚不足夠的時候，致命的孤立無援。

柯文哲雖然有其骨子裡透出來的無法遮掩的菁英主義，但面對他不懂的事，卻有著極為務實的表現，表現在願意低頭學習的樣子。早在選前，就透過政治幕僚的關係，拜會政界及商界各大山頭人物。

在人情義理中，山頭們倒是歡迎柯Ｐ前往，一回生二回熟，柯Ｐ就在日積月累的拜訪中，逐步結交政界藍、綠、橘、黃、白等大老，有趣的是，這些山頭長老對旗下的子弟兵指示，要對柯P好點，讓柯在政壇初期，少了不少敵人。

舉一個有趣的例子，一般人認知的柯P，雖不是民進黨籍，但畢竟在二〇一四年是民進黨的禮讓，才有今天的柯P，因此，柯很自然地被歸類為「偏綠」。但這樣的身份，並不成為柯P主動對外結識「偏藍」或甚至「偏紅」大老的負擔。

柯文哲在選前，即便知道自己拉攏的是偏綠選票，依舊不放棄拜會立場偏紅的旺旺中時集團董事長蔡衍明，事實上，柯文哲的拜訪，早已想好是為挖連勝文牆角而來，是為一套打擊連勝文潰敗的計畫而來。

柯文哲與蔡衍明在選前，就有幾次約見吃飯。在第一次的見面會上，蔡衍明一見到柯就表明立場，自己是支持當時同樣競選台北市長職位的連勝文的，柯文哲見狀，倒也不疾不徐，早有心理準備，他告訴蔡：「那是因為你沒有認識真正的我。」

後來，兩人果真越來越合拍，即便中時集團因「反旺中」運動而名聲不佳，但私底下性格「宅」到不行的柯文哲，依舊務實地與蔡定期互動，甚至蔡還願意為柯P作保。

二〇一五年「台北—上海雙城論壇」舉辦前夕，由陸媒給予柯專訪，形同一次「面試」他對兩岸關係的定位，二〇一六與二〇一七年的雙城論壇舉辦前，卻改由蔡衍明集團底下的《中天電視台》與《中國時報》獨家專訪，讓柯P獲得續辦雙城論壇門票。

蔡衍明儼然成為中國大陸台辦系統與柯文哲中間的重要橋樑，是兩邊都吃得開也信任的人，讓人聞到，在中國大陸在與柯文哲的信任感還不夠成熟之際，蔡衍明願意以對岸龐大的生意替柯P作保，若不是蔡認為對柯P的交情與信任到位，蔡勢必不願如此，而搭著這個順風車，柯也確實獲得二次前往上海的門票，在政治光譜上，獲得中間偏藍的選民支持。

柯、蔡的關係，還接著表現在二〇一五與二〇一七年，蔡衍明兩度出現在由上海舉辦的雙城論壇晚宴會場，二〇一七年，蔡更是三天晚宴的坐上邀約嘉賓，與柯文哲同桌吃飯「咬耳朵」，第一手觀察，兩人熟悉的交情，非同一般，或許有利益共生的因子，但兩人性格上的「真正合拍」，倒也不難觀察出，都是大咧咧、直來直去的「阿莎力」性格。

此後，蔡旗下的報紙，也讓人覺得比執政黨還要執政黨，雙城論壇擁有超大版面報導不說，就連平日的市政議題，也能感覺到蔡對柯P好上加好，比偏綠的《自由時報》更捧柯P。

二〇一七年中旬，一場蔡衍明與藍營大老的聚會上，蔡衍明毫不顧忌地大讚柯文哲有魄力，並大罵趙藤雄在大巨蛋案上的種種不是，與會者形容，讓在場的包括前首都市長郝龍斌，相當尷尬。

柯文哲不是一位會交朋友的人，亞斯伯格自閉症多少阻礙了他向人群踏出去的動力，但為了走政治這條路，他卻能夠比郝龍斌更加勤奮地走地方、走出去交朋友，這是他的務實，也是他清楚地從歷史中意識到，「搞政治」就是要「朋友多多的，敵人少少的」。為日後的合縱連橫培養基礎，人脈到了關鍵時刻，當用則用，不過，成效如何，仍有待時間觀察。

三、比照雍正設立軍機處

自柯文哲上任市長開始，他就立下了每天早上七點半的晨會時間，每天討論三案議題，有時會視議題，調整為兩案或四案，由辦公室主任蔡壁如排案，新聞幕僚也會整理每日的新聞及網路輿情，在晨會上報告，此會議，被柯文哲定調為「軍機處」會議。

軍機處會議的想法，柯文哲取自雍正的治國之道。軍機處是核心中的核心，是皇帝討論政事的核心會議，在軍機處會議上，會決定重大市政的方向，因此，參與人員，必須是核心人事，除柯文哲本人、心腹蔡壁如、市長室政治幕僚、專員，以及副市長、秘書長、副秘書長等，若討論到局處有關議案，則相關科長必須出席補足資訊。

舉例而言，二〇一七年八月十六日七點半準時召開的晨會上，共討論了三案，第一案：「非市有土地之建物整修借用規則」，當天軍機會議上決議，里長申請非市有土地之建物整修，以區公所與非市有土地之建物管理機關簽訂委託管理契約，再與里辦公處簽訂代管契約，後續由里辦公處為建物使用維管單位。此外，相關借用規則請民政局、社會局、財政局再研議，列管三個月。

當天的第二個議案為「台北市共享運具經營業管理自治條例及自行車自主登錄報告」，決議了自治條例中的文字細節，要請交通局與法務局再研議修正。第三案，則是請鄧家基副市長召集台北市所屬的六大公司——農產、漁產、畜產、花卉、悠遊卡公司、台北捷運公司，研訂贊助市政活動的規範，列管三個月。

以柯文哲的慣例，案子若無特別考量，一般來說，列管三個月，三個月內將事情完成，若在執行的過程中，又遇到新的阻礙或問題，則另開專案，另為列管，列管的案件進入由蔡壁如主導的列管電腦系統中，原為主管的研考會，則更多地是配合市長室列管，真正的核心市政議題決策與研考，都是透過市長室成員為主組成的軍機處決策。

除了市政議題，柯文哲也會在每日軍機會上，聽取媒體事務組成員準備的每日新聞輿情報告，除主流報紙、網路、電視新聞媒體的報導內容、方向以外，柯文哲也特別關心網路PTT輿情，因為PTT基本上是柯粉聚集地，因此，若連PTT都出現反柯的聲音，特別是，若反彈的聲音幕僚感知超過總輿論的四成，就代表議題已超過柯粉的可接受範圍，柯文哲就必須「有所作為」。

比方說，北市在台大校園操場舉辦的「中國新歌聲」事件，引起「反中」浪潮，PTT出現一面倒的認為柯走「紅」聲量，時參與軍機會議的人便透露，柯在晨會上相當在意這件事，不斷反覆討論該如何因應，好在接下來的媒體聯訪時段，將輿論導回有利於自己。當時，還派副發言人、現觀傳局長陳思宇，配合模擬媒體尖銳提問，讓柯P預先練習，避免再失分，而事實可見，柯在當時的發言，極力想塑造自身的悲情形象，稱遭有心人刻意「抹紅」，並撇清自己非中國紅。

此外，軍機處還有一個重要功能，即遴選局處首長。柯文哲在選前承諾，所有首長要用遴選的方式為之，即公開徵才，而後挑選人才。到了後期，局處首長會先經過局處內同仁的初步選舉，再到市長室遴選，事實上，遴選並不如柯文哲所說的公開，不但事前會經市長室人員引導投票風向，內部投票完畢後，由蔡壁如全數收走投票單，沒有人知道真正的開票結果，最終由單一人選當選，這個部分會在稍後的章節中進一步陳述。

四、比照雍正的密摺制

柯文哲允許身邊人對他秘密奏報，即資訊可跳過層層行政體制，在對手都不知道的情況下，直達天聽，讓訊息快速傳遞到君主手中，如此，圍繞在柯身邊的人，很難清楚知悉身邊人是「敵」是「友」，因此，在擁有資源就擁有一切的政治現實下，鞏固了眾人圍繞在以柯文哲為首的集權之下。

「密摺制」的想法，也源自於雍正的治理模式，加上現代科技，成了每位幕僚，不論政務官或事務官，都可以與柯文哲建立一對一的Line聯繫管道，凡有資訊想跨過體制上報，都可直達柯文哲的手機中，而柯文哲也允許大家跨過體制障礙為之。

之所以實行此套密摺制，要從柯文哲的政治路說起。柯文哲在二〇一四年選舉時，基於政治上的現實，需要人馬與班底，選舉時，由於他隻身一人從台大醫院到政界，沒有人脈，因此，多半靠民進黨方面的人力支援，同時，還有一群民間友人成立的「旱草聯盟」成員，及醫界聯盟的人馬，三方人馬來自不同的地方，資源搶奪、互看不順眼也是常有的事，時柯文哲默許他們彼此間的互相爭鬥，換來三邊都對他輸誠，因為，柯文哲才是真正擁有最終拍板權的人，這也是為什麼在二〇一四年的選戰中，柯Ｐ被稱為「真正的競選總幹事」的原因。

而「密摺制」的落實，良好地延續了選舉時柯Ｐ想達到的目的。執政團隊中，柯文哲比選舉時更多地收羅各方人馬，除原有的民進黨班底，還有偏藍的、醫界的，及收編進來的高階公務員、民間專業人士，堪稱大拼盤，他們之間彼此結盟立派，柯文哲在此盤中，自居皇帝，任何人都可以與他直通訊息、密報別人的不是，除可以讓他知道派系間的動態平衡關係、消長情況，也可適時運用這些小道消息，掣肘實力過大的派別，繼而沒有單一派系足以動搖他的威權地位，雖說當中也免不了黑函，但有訊息總比沒有好，讓柯Ｐ可以在必要的時候，依據密摺作出必要的決策。

而柯文哲身邊的人，彼此間不知道對方有無密報自己的不是，除在行動上會更加小心，也實質避免了任兩人間的關係過於親密，在擁有資源就擁有一切的政治思維中，所有有心人就都自然地圍繞在以柯文哲為首的執政團隊中，形成一個以柯文哲為核心的領導集團。

此制與中國共產黨深入各公、私單位的黨支部書記如出一轍，黨支部有別於國家制度，可跳過行政體系，直接向黨中央通風報信，如此，於柯文哲個人來說，可以知道誰對他忠心以對，誰陽奉陰違，不過，當然也無法排除有黑函的可能，但情報蒐集對一位統治者來說，總是「有好過無，多好過少」，多方情報來源，也可讓他多留心身邊的人事物，在必要時做出於他本身最有利的政治判斷。

二〇一八年一月二十五日，柯文哲參加由環保局辦的青年冬令營中，也親口表示，自己每天收到很多Line，當下已有五萬多通未讀，訊息應不至於是親朋好友丟來的笑話吧！對一位對家中事務一概不管、妻子與母親對柯P完全不會叨擾的人來說，上萬通的Line留言，合理推測，當中「密報」的比例不會低。

五、比照雍正的密探制

台北市政府下轄三十三個一級局處，每位局處首長身邊，都可以帶一位機要，也即貼身秘書，也由於「貼身」，市政上的大小事或甚至家中的事，機要都會知道一二，故首長多半會找熟識、可信任且有合作默契之人擔任，就像柯文哲找了一位與他在台大醫院合作二十多年的蔡壁如，擔任貼身秘書是一樣的，而蔡確實對他的脾性、原則瞭若指掌，甚至熟到常接獲柯P媽媽何瑞英的來電，要求轉交辦事情。

從政者，不免對權力有所迷戀，**柯文哲在這方面的表現，是相當明顯的，集權的作為，表現在蔡壁如屢屢要安插自己人到首長身邊任職機要，但首長們也不是省油的燈，許多更不允許柯透過蔡壁如安插眼線「監視」**自己，不論這個人是機要，或是從研考會調派來美其名為監督市政進度者，因此，引來不少抵抗，強勢者不就範配合，甚至與蔡壁如起正面衝突，寧自行上網公開招募也不接受市長室推薦，稍有手腕的首長，則不正面得罪蔡壁如，將安插的人調到離自己稍遠的地方，至少辦公座位不要在局長室內。

部分不願意配合蔡壁如強勢安插者，寧可身邊沒有任何政治機要，或寧沿用前朝人馬，也不願意受蔡擺佈，柯、蔡或許也能感受到有些局處長不願意配合的柔性抵制，於是另立辦法拉攏機要。

市長室創立每週一下午的機要會議，由柯文哲及蔡壁如親自出席召開，美其名為與機要溝通，讓市長室了解局處內部事務，機要也傳達市長室命令給局處首長，但實際上，柯、蔡要機要們在這個時間開起讀書會，閱讀知識性的書籍、報告心得，學習內容具有政經格局，形同小型政治培訓班，內容諸如中國崛起、法國總統馬克宏治國之道等，這種例行的與自己身邊的機要見面會，局處長們當然也感受得到上頭對自己身邊人拉攏與收編的氛圍，不信任感或多少在其中流竄。

有趣的是，會任職政治幕僚職務者，往往年輕，且有志於政治一途，未來或可能從政，柯與蔡也有意趁此機會，尋找二〇一八年的輔選將才，並測試他們對自視皇帝的柯文哲的「忠誠度」。

蔡也持續對每位首長身邊的「機要」是誰？怎麼找來的？異常關心，有局處首長就私下表示，曾收到蔡的關心……「你那邊有個缺嗎？我這邊有個XXX不錯，可以過去」，而根據我的訪談及親自與蔡接觸的感覺，能獲蔡喜歡的機要，往往有幾個特質，包括機靈、執行力強，最重要的是，蔡壁如有個致命罩門，相當埋單嘴巴甜、會順其意者，對處處捧著她、稱讚她的人，也異常地好且容易信任，即便前一天與蔡起衝突，隔天早上一杯咖啡或一頓下午茶，就能輕鬆化解，而這也是柯文哲信任蔡壁如，相當危險的地方。

事實上，對統治者來說，在「做事」的人身邊安插一位自己的眼線，或收攏你身邊的人，此即為「特務」組織的發展，是「集權」的具體表現。

從過去國民黨政府時期，有多個直屬首長的組織，是集權的具體展現與標準配備，如調查局、國安局、刑事局、憲兵的調查組，軍情局等情報系統，到民進黨小英政府直接隸屬於她的促進轉型正義委員會、年金改革委員會等。否則，如柯文哲所說，「尊重局處專業」、「該怎麼辦就怎麼辦」的「做事」思維，何須安插眼線緊迫盯人？又為何會引來多次局處首長的反彈？

有高層就私下表示，每週一次的會議，市長何須支開局長直接與機要見面？若真是為了溝通政事，柯P與蔡壁如大可每週直接找來局處首長，而非找機要會談，但柯在三年多內，除公開亮相的場合找來全部局處長，私下的會議甚少與所有局處長會面，不論是基於政事理由，或單純拉攏首長軍心的會議。

六、如雍正用人疑時也要用，懷西勳舊絕對不留

雍正當年依靠文將年羹堯、武將隆科多協助打天下，兩位都是能將，也都與他有親上加親的關係，前者為郎舅，後者為雍正舅，關係極為緊密，雍正皇甚至會在奏折中話家常，垂問身體與家庭等，在當時，能受到如此的皇恩浩蕩，關係密切者也極為罕見，但雍正在賞賜之餘，也示意性地提醒作為臣下的該「知所進退」，才能善終，包括不要將事態發展到不可收拾，不要攀附與結黨營私等。

接下大清皇位後，雍正相當清楚的是，不能受情感所惑，這兩位協助打下江山的人不能留，一旦上位，就要剷除，避免坐地稱王、干政濫權。

在民主政治中，首長由民選產生，雖身邊再有才的幕僚，柯都不用擔心自己會被換掉，但對柯文哲來說，自比為雍正的他，從諸多言行都透露他骨子裡一樣認為君權威嚴不容侵犯，柯文哲也容不下「有功之臣」以曾經協助打天下為由，做出在他看來對他指指點點，甚至勒索、綁架的作為。

在選前就跟著柯文哲的前市府發言人林鶴明，以及「戳戳妹」葉芝邑，兩人就因為與蔡壁如不合萌生辭意，離職前，跟著柯文哲兩年多的時間，朝夕相處的

感情，依舊讓柯文哲動刀不手軟。

葉芝邑離職前，與柯有場單獨對話，葉在外人看來，是位心思相當單純的女孩，大學畢業第一份工作就跟著柯P，年僅二十四，在這場會面上，對柯推心置腹了一個多小時，當中不乏抱怨蔡壁如的話語，只見柯最後詢問：「妳是否對蔡壁如不滿？」葉回應：「對！」柯P順水推舟：「那妳就不能待在團隊裡了。」

之後，幾位功臣的離職，柯文哲事後都以「懷西勳舊」做比喻，意旨明太祖朱元璋與眾夥拿下天下後，開國元勳們紛紛仗勢為王，並以此要脅朱元璋。柯文哲認為，同樣的道理就發生在他身邊，而探尋眾多幕僚與局處長離職，大半與蔡壁如脫離不了關係，換言之，由蔡壁如在柯P的默許下動的刀，多半在讓當事人受不了後，自發辭職，柯P再順水推舟地維持他「去者不留」的用人原則，既維持了自己的原則，當事人以自願離職、生涯規劃、身體因素等理由，柯也不會遭外界過多的批評，只是，在離職者心中，對柯P逼離的手法，有千百個不舒服，甚至有強烈的被羞辱感，日後這些將才再回過頭來襄助柯文哲市政的可能性，也幾乎是無。

柯文哲曾以一句經典的話回應外界對蔡壁如的批評，他說：「血滴子（指蔡）要砍人，不是血滴子要砍，是雍正要砍。」意即「是我柯P希望你走的，僅僅

是藉由蔡壁如的手為之」此話透露出柯文哲對蔡的力保，與蔡在默契下擀人，對明著、暗著反蔡的人釋放政治訊號——要不就吞下委屈，要不就離開團隊。

「大家都鬥蔡壁如！」面對下面的人對蔡壁如一面倒的批評聲，柯文哲對自己的力保，在一次我與柯的私下對談時，給出這樣的詮釋：「大家其實是恨柯文哲，但沒有人敢講，因為是雍正要殺人，哪裡是血滴子殺人，可是大家都不敢反抗皇上啊！我非常清楚。」這是我與柯在一次會面中，柯親口對我說，因太過經典，所以隻字不忘，「皇上」、「血滴子」等用語，柯P相當熟稔而自在地使用這幾個字眼。

柯文哲繼續對我說，「我以前在台大講過一句話：『朝廷有奸臣，那就是誹謗皇上，如果皇上不是昏庸無能，朝廷怎麼會有奸臣？』」言下之意，他先是知道大家對他很不爽，將氣出在蔡身上，指蔡是為奸臣，但大家其實是拐個彎在罵他是任由奸臣橫行的庸君，但在他的腦袋中，並不認為自己是個庸君，這一點很重要，也因此，柯文哲即便遇到對蔡絡繹不絕的批判，始終沒有打破他與蔡的穩固共生關係。

除了眾多一起打天下的寵臣遭擀，初期與柯文哲共事的局處首長，雖不是被撵走，但以柯的對待，也能稱為「被辭職」了，事後在我接觸這些人的過程中，少有對柯好言者，言語中盡是柯文哲的過河拆橋、將人當免洗筷的用人心態，離職後，也少見重回北市府與前長官敘舊者，這也是柯文哲的團隊即便執政四年，依舊無法成形的原因，二〇一八年選戰依舊只能沿用二〇一四年的團隊人馬，並繼續以海選招募人才，而非有一群得力、能信任的班底一起打仗。

此外，更顯而易見的是，在密報暢通的情況下，柯身邊即使有眾多因為對蔡壁如不爽抱怨進而離職者，但柯文哲不論如何，對蔡壁如「二十年如一日」，毫不猶豫地力保，與唐玄宗在馬嵬坡上「砍貴妃、保群臣」有所不同。

危急關頭，柯文哲選擇力保楊貴妃，而非眾將臣，後續效應，是養成了一位更加恃寵而驕的貴妃，而經過來回多次的測試後，府內人士也更加心知肚明，千萬不要挑戰柯、蔡之間二十年的信任關係，也別自不量力，更別想以離職逼宮柯P砍蔡，因為，蔡壁如會是柯P的不二選項。

離職者，柯也總能找到一個理由解釋過去，葉芝邑後來到了與柯友好的文化總會會長林錦昌那就職，柯也認為，有個自己的人被「安插」過去了；林鶴明後到了總統府任發言人，柯文哲對外稱，林的轉職，可以多一個與總統府的溝通管道，這個管道是多了沒錯，不過，倒少有從柯市府走出去的人，會認為自己是柯陣營培養出來的人，而願對前長官效忠。

在雙城論壇的講稿風波中，柯文哲對外稱國安會放他一個人去面對阿共，時已到職總統府任職的林鶴明，就其發言人的職責，公開回應稱「國安會從未事先取得柯文哲的演講稿」，後來才透過總統府及北市府雙邊證明，柯透過蔡壁如給當時的國安會副秘書長陳俊麟看的講稿，僅是TVBS電視台的專訪講稿，林鶴明這樣回應，也算是給了柯文哲不太好看的重重一拳了。

不過，雖然柯文哲砍人不眨眼，這是他的性格使然，但在其沒有足夠的人馬時，柯文哲雖然能狠下砍人，卻做不到對有疑義的人或政治蟑螂，斷絕往來，因為眼見政壇上，民進黨方面對其幫忙總是觀望多於給予實質幫助，自己身邊還是得留下一些口袋名單，以備不時之需。

這些人有的是前選舉團隊的、有的是政治浪人、有的則對靠選舉發財感興趣，在柯文哲的邏輯，雖不必全然地剷除他們，但也不必留在有實權實用的位子，找個外圍的位子，如台北市府所有的北農公司、花卉公司、文化基金會、公民參與委員會、青年事務委員會等，這些職位的任用只要首長一句話，用公款養著，讓他們不會威脅到自己，也坐大不了；在皇帝有需要時，隨時可以召喚回來，對

柯來說，倒也不是壞事。

舉例而言，如在二〇一四年競選時期，選舉幕僚董德埼在一場健走活動大花八百萬，還包給自己人的公司舉辦，讓柯文哲選完得知後，痛恨大罵，要董德埼走人，幾乎列為黑名單，但董德埼隨後就出現在柯文哲授意成立的「世大運之友會」中任職，光是二〇一六年整年度，在沒有積極對外募款下，就有四百八十九萬元收入，可以調撥的人事費，就高達兩百七十二萬元，至今這些費用的使用細目，社會局稱此由謝長廷擔任理事長的協會為「人民團體」，是民間組織，因此，不需公開收支細目。

「世大運之友會」最終因柯文哲也不願意公開背書，導致募款困難而吹熄燈號，無疾而終後，董德埼接著又出現在台北農產運銷公司的職員名單中，更於二〇一七年十一月底晚間，與柯 P 心腹蔡壁如、文化基金會副執行長張益贍、花卉公司副董事長呂瀅瀅、畜產公司總經理姚量議，遭媒體發現同桌吃薑母鴨，以柯 P 的邏輯，蔡壁如所做都是他的意思，因此，柯 P 雖對這位在金錢上起人疑慮的董德埼痛斥，但他的離開，卻從來沒有成真過，且全在柯文哲的授意下發生。

「天下沒有不吃魚的貓，天子腳下，就近看管。」——這是柯 P 經典語錄，意思是，只要能在他視線範圍內的人，身為天子的他，就近看管，不至於出大事，

而所謂「大事」，以柯文哲及蔡壁如的標準，就是「鬧上媒體」、會影響柯P個人政治聲譽的事，其他從中牟利的人，柯P會選擇睜一眼、閉一眼。

3

帝王治市亂象

柯文哲從醫界來，在政治圈中，雖有早期凱達格蘭學校的培訓與認識的人，但畢竟是少數，因此，柯的幕僚坦言，他必須確保身邊的人，在協助他的過程中，沒有一派獨大，如此才不會威脅到領導權威。

那麼，要如何確保沒有獨大的一派呢？在與許多柯身邊的人交叉印證後，能得出一套柯文哲的邏輯，只要把毒蟲全部丟到一個盆子裡，在外頭看著他們互鬥，最終能存活下來者，即是強者，但他並不以此為滿足，柯P身邊永遠會有一個口袋名單，等到鬥到剩下最後一隻，他會再將更強的這一隻丟進去，因為在他的邏輯中，大家互鬥對他來說反倒是安全的恐怖平衡，不鬥就是柯P自己倒楣，透過互鬥，對出頭的派系產生削弱力量，當彼此削弱後，自然沒有誰能威脅到柯，柯P自然能夠平安順遂，不受制於任一方。

為了不讓單一方掌控他，也為了平衡府內派系，柯文哲每有意見想要徵詢時，都會有至少兩套版本的意見，不會獨厚特定一方的意見，對他來說，也好起到多聽聽、多想想的決策前搜集資料效果。

像是到了第一屆市長執政後期，柯文哲會聽取來自政治顧問張益贍、邱顯洵，或加入蔡壁如等方面的多套意見，也會對任兩人透過公開媒體或內部互卡的作為，睜眼閉眼。而這也是為什麼一旦北市府內有負面危機發生，總能連環爆出事情，像扯出粽子頭一樣，因為柯身旁的有心人，總能在事件中討得自己的好處，人人插一腳，則事情總能爆出案外案，雖達到柯文哲削弱派系的個人利益，卻傷了行政團隊的氛圍、加劇猜疑，也增加市政上的各種成本。

如觀傳局長簡余晏離職後，接連引爆新任局長陳思宇沒有經過遴選程序就在高層指定下立馬上任，後又恰巧在這時，爆出台北燈節在即，卻尚未簽約，以及副市長陳景峻獨厚紙風車劇團，要讓紙風車分切標案中的一千萬舉辦遊行的疑雲，事後觀察，當中有諸多疑點，都有人為斧鑿、刻意出力的影子，也正是互相爭鬥的最直接表現。

在台北燈節案中，陳景峻於二〇一八年二月十八日週四上午，爆出陳有疑似圖利紙風車的事端，柯文哲辦公室及柯的御用發言人竟沒有任何「挺陳」立場或言論，只有陳副市長辦公室「形單影隻」地丟出對媒體「保留法律追訴權」的聲明。

直到過了一個週末後的二十三日週二上午，在一場所有局處首長都會出席的行動市政會議場合中，柯才在事前，著手秘密請了一位他信任的人，研擬一份講稿，在所有局處長面前表達「挺陳」，也在接受媒體訪問的橋段，直言媒體「見縫插針」，意圖使燈節破局開天窗，讓他「覺得生氣」。

我認為，此時的發言不外乎兩大用意：其一、挺陳，要陳把對他有政治連任意義的燈節辦到最好，因外界早已能耳聞陳景峻對市長室第一時間不出聲力挺極為憤怒。其二、轉移在他身上的焦點，怪罪媒體。

而柯文哲沒有在新聞發生的第一時間挺陳，除了是對陳並沒有那麼信任，有意先看風向再來決定要不要切割外，更對陳是否與簡余晏有私下協議分贓產生懷疑。不過，眼見北市還需要陳景峻擔下台北燈節舉辦的重擔，柯才不得已於五天後（過了一個週末）出面挺陳，但在陳看來，已經一如他公開所說「傷心至極！」

陳景峻在柯P念完講稿後，也對外發表了以下談話，明顯有意破除外界知悉他對柯的不滿：「市長周二在市政會議他是非常真心的，因為有聽一些局長講，這三年當中，柯文哲從來沒在一個任何公共場合來肯定或支持任何一個人，所以也特別感謝市長，在燈節那麼緊鑼密鼓而且大家並沒有看好之下，把這個重大的責任交給我，而且說希望他能夠好好把團隊帶領好，相信外人再怎麼去見縫插針應該也沒什麼用」。

陳景峻之後的這段發言，也更加印證，他內心對遭鬥的懼怕，需要靠外的輿論與媒體力量協助宣傳及強化柯Ｐ挺他的氛圍，有主子的力挺，才能讓那位背後捅刀的人不敢再跋扈。但若以心理學的角度分析，內心強大且有安全感的人，是絕對不需要透過一再強調「老闆挺我」這樣的話，來影響外界及「自我安慰」的。

陳景峻在柯文哲當天念完挺他的講稿後，接受媒體訪問，表示「市政府不能落入放話、傳言中，這樣子會給外界見縫插針的機會，讓人質疑是不是市長領導有問題，彼此信任也會產生隔閡，這樣子對市政往前邁進絕對是個阻礙，大家不要有所猜忌、不要放話，團結一心努力往前走，市民會看得到」。

陳景峻這段話相當經典，耐人尋味，無疑是陳公開向柯文哲及執行柯命的蔡壁如喊話——「不要猜忌、不要放話」（請注意柯文哲當天並沒有講這段關鍵的話），更加坐實了陳對柯、蔡的極端不滿，才會讓於他、於柯蔡都醜陋萬分的「內部」問題「外部化」，並引入「外部力量」來解決，而所謂的外部力量就是「媒體」，也是最具有殺傷力、柯Ｐ會怕的一種方式。

約莫過了半個月，陳景峻在參加小提燈發布記者會時，再度接受媒體提問燈節相關，陳再度左批柯文哲為了讓燈節廠商簽約，私下會見廠商，是違反體制；右怒發言人劉奕霆沒有將「封殺媒體」一事對外説清楚，批劉不論是在新聞稿或公開回應中，都只會「轉述」市長說法，而非以自身立場，保護其所在的市府團隊，還說，回去要好好督導發言人所屬的媒體事務組。

在我接觸幾次陳景峻的觀察來說，他是極為傳統的政治人物，政治性格相當保守，為了不出錯，多半會選擇退而不動作，在此局中，陳最終選擇極端開砲，說出得罪長官及同事的話，可見他對高層的不滿醞釀已久，勢必有非如此不可的理由，合理判斷，當中也有意讓自己在府內，保有更高的政治份量及無所懼的心情。

更進一步分析，以北市府當時的生態來看，陳擔下了最為棘手的燈節活動，所有人都得多看他幾分臉色，就連當時遠在歐洲出訪的柯文哲也在輿論上多讓他幾分，事實證明，柯把輿論戰場讓給了陳，此舉形同柯文哲「允許」陳景峻對自己開砲，柯文哲面對陳的公開對罵，口氣與內容都展現罕見的柔軟，相當值得玩味，他是這樣說的……

記者問：副市長接受廣播專訪時，說你私下見台北燈節廠商，違反行政體制？

柯Ｐ答：其實他講的，我們該檢討的會檢討，當時只是回市府時，經過會議室被攔下來，說「欸欸欸，廠商想要跟你講一下話……」所以不是事先安排，而是被「攔轎喊冤」。

記者問：為什麼陳景峻的後續反應這麼大？

柯P答：我也不曉得，不過，燈節因為時間太緊急了，對召集人壓力很大，剩下沒幾天了，我現在出國，所以現在完全是委託副市長全權負責，我猜他壓力很大。

這兩個問題其實問得相當關鍵，柯文哲的回答，不但突顯出其不願在此時與陳景峻公開爭是非，把戰場讓給陳去「贏」，也因為有求於陳，只要燈節沒辦好，連任市長會有很大的障礙，成為對手的把柄，所以在檯面上，他選擇矮身一截。但以柯P的獅子座高傲性格，即便自己與廠商私會是事實，還是要為自己喊冤兩聲：稱自己是被「攔轎喊冤」，沒有破壞體制的問題。

有趣的是，市長出訪歐洲，家中事務由副市長擔下舉辦，不是理所當然的嗎？但陳卻是邊做邊「抱怨」，展現自己的「委屈求全」，顯見陳並不情願協助市長拆解這顆政治化了的炸彈。而陳景峻壓力大否，難道身為長官的柯P在出國期間，都沒有用電話或Line與陳有過交談嗎？為何自己的副市長壓力大否，柯P要用「猜」的？從細節處，也可看出兩方交情不佳，溝通貧乏，更缺信任。

將視角再度拉高，看到這裡，你是否心中冒出一個疑問，同是北市府的人，又是柯Ｐ任命的副市長，怎麼會砲口對內？柯文哲又為何會半否認自己的副市長所說？你的直覺是對的，柯市府最大的問題就出在這裡！就連高層間的政治互信，都相當缺乏！

以事情非到不得已不需如此做的角度看，此事展現出陳對柯、蔡，已極端不信任，我認為，甚至可以用「厭惡」來形容，沒有離職，是因為陳現在的離開，於剛接下燈節活動的他不利，難保不會被柯Ｐ也貼上「棄職潛逃」標籤，讓自己後半輩子永遠都會留下這個難聽的罵名，毀譽一旦，另一層原因，陳景峻依舊沒有放棄能透過柯Ｐ高人氣拉抬自己的民調，爭取民進黨內的新北市長提名機會。

之所以要著墨陳景峻對柯文哲及蔡壁如就燈節一事的不滿表現，重點在突顯台北市政府內類似的事件層出不窮，府內同仁對柯、蔡二人的不信任與不滿，以我跑柯市府三年多的時間與直覺，燈節一事絕非不合的個案，甚至可以說是「通案」，導致許多再簡單不過的市政，因為柯文哲的領導，衍生很多額外爭端，耽誤了正事。

柯與蔡聯手建立的密探制、放任內部互鬥、蔡壁如經常性地挾柯P信任狐假虎威作風，都直接或間接導致了一場又一場如上的劇碼，也導致了市府一旦有負面新聞事件發生，有意透過此盤鬥掉對手的人，都嘗試在局中踢一腳、打一拳，展示自身的政治影響力，再透過媒體，讓內部爭端外露，施力且成功者，能獲得相應的「政治獎賞」——不論是官位、柯P重用、媒體名聲，或單純只是讓對手懼怕、無所適從、戰略混亂等。燈節事件在台灣的新聞上，前前後後延燒了一個多月，就是最好的例證。

柯文哲是個問題意識相當強烈的人，對此知之甚明，但他一慣地選擇繼續放任內鬥，並將責任丟置到媒體或外界身上，好對眾人爭大眼睛看他如何處理蔡壁如一事模糊以對，為自己也為蔡壁如爭取最大的空間及面子，不過，下面的人，也絕非傻子！

陳景峻與燈節不是個案，只是透過燈節議題，讓府內同仁的不合，浮上檯面，眾人對蔡壁如的不滿，也非一日之寒，眾人能看穿柯文哲的把戲，跟隨柯文哲多年的蔡，當然更能深切體會到老闆的這套統御術，許多局處長私下多次提及蔡的狐假虎威，雖讓他們感到相當不舒適，但在柯的授意下，也不能表示什麼，否則走路的就是自己。

柯是聰明的，對這樣的惡性生態相當理解，但看來他依然認為，理應如此，當彼此互鬥時，互削力量，就能確保沒有任一方勢力能功高鎮主，危及到他的領導權威，各派系都要靠他出頭，所有人就繼續圍繞在以他為中心的領導體制內，向他爭寵，在燈節事件中，陳景峻雖對柯不爽到了極點，但注意到他的公開發言了嗎？他依然稀罕柯Ｐ的公開力挺！

部分局處長在互鬥的過程中，敗下陣來，特別是那些沒有政治經驗，在市政上又沒有做得好到「非他不可」的人，如最早一批的離職人員文化局長倪重華、謝佩霓、交通局長鍾慧諭、副市長周麗芳等。

在局處首長頻繁離職的時候，柯文哲雖會稍稍顧忌外界的負面批評，但實際上，柯對於頻繁地換首長這件事，並不大在乎。

一次與柯Ｐ在市府走廊上巧遇，我曾私下詢問柯對府內人事異動頻繁的想法，柯Ｐ明白向我表示，「換了人有沒有越換越好？如果有的話，那就要拚命換！」他的語氣很堅定，沒有任何對人的不捨與柔軟。

因為，在他的邏輯中，永遠有更好的人選等著接替現任者，「只有更好，沒有最好」，因此，他私下常說「君子不器」，即戰士沒有選擇戰場的權利，任何人都要能適應任何位子，就像他的得力助手蔡壁如，可以是個護理師，也能是市長辦公室主任，不過，此舉也讓府內許多有才幹的人，不容易被放到真正適合他們的位子，或大才小用。

據熟悉柯的人分析，柯曾在私下表現出對這些離開幕僚的不屑，認為他們的本事自己已學會，他要的是更新的，因此，難免在這些人「被離職」時，得不到應有的尊重與「至少我跟了你柯Ｐ一年半載」的上下屬情誼，用人模式倒與商界思維頗相似。

也因此，在我廣泛接觸的離開柯文哲團隊的首長中，倒是沒有聽到離開的人對柯給予一句「好話」的（公開感謝柯市府的言詞不算的話），傷心與落淚的倒是不少，甚至多位離職的人，前往柯Ｐ的敵對陣營，幫助其他候選人贏柯Ｐ，或看不下去柯Ｐ作為，在媒體上道出柯Ｐ的種種不是，當中未必都是民進黨刻意打壓他的影子，柯文哲本身的政界人緣不佳也是事實，這點，柯本人還是有絕大的責任。

幫過柯的人，也不會稱自己為柯系人馬，不願回頭再幫不說，這些人的人脈，自然不會願意引來為柯所用，而這也是為什麼，即便經過第一任期的執政，即便柯文哲手上握有許多資源，還是沒能建立像樣的團隊，還是只有他自己一人的單打獨鬥——他，是台北市政府內的市長、政治幕僚、媒體幕僚，也是唯一有權的發言人。

不過，若有臉皮厚一點的幕僚，即便遭「被離職」，若還願意跟著柯Ｐ，柯倒也不會拒絕，只會被柯私下戲稱為「舊時代的武器」，因為柯認為這些人的技巧已被他學完了，「他們的東西我都學會了」，擺在身邊，真的有需要的時候用一下，或讓其從事一些柯不願親自動手的事，在柯文哲的算盤中，倒也沒有什麼損失。

柯文哲常以朕、天子自居，自然會有相對應的帝王心態流露在他每天的行事中，其中，也包含一旦決定目標，就要用盡一切手段達到的威權，甚至「朕即法律」——「蕭曉玲案」就是最典型的觀察柯文哲作風的例子。此事因柯強硬逼迫下屬按他的意思行事，走了兩位局長，在現有的制度制衡下，最終也沒能達到目的，竹籃打水一場空。

中山國中教師蕭曉玲，自稱於二〇〇七年因反對前市長郝龍斌的「一綱一本」政策，遭剝奪教師選書權，向法院提告郝龍斌違法，隨後遭學校教評會以「行為不檢，有損師道」為由解職，蕭不服，陸續向台北高等行政法院、最高行政法院等提起撤銷訴訟，都遭駁回，隨後，監察院認為北市府在解聘中有重大瑕疵，因而在二〇一三年提出糾正，蕭曉玲以此再度向台北高等行政法院提再審，依舊被駁回，柯文哲上任後，有意塑造「轉型正義」的美名，下令恢復她的教職。

不過，由於解職在蕭看來是政治迫害，但也是經過行政體系中的層層流程才完成，要一夕推翻前面的決定，於公務體系中當然不可能，因為此還涉及相關人員的重大行政瑕疵，及蕭遭解職期間的損失賠償問題。

而在監察權與司法權何者優先的問題尚無法分野下，北市府引用法界人士的一項意見解套，即讓教育局自行對郝時期的決定「認錯」，並完成「往前撤銷」程序，包含回推至中山國中教評會、教育局的教師不適任評議小組，一同否決先前的決議，才能算從源頭上撤回行政處分。

即便柯P朝代任命的教育局長湯志民願意配合柯P意志，教育局內的公務員實際上並不願如此，湯也的確順了柯文哲的意思，挑出教育局當時發動解職蕭曉玲的程序「未盡周延」，作為「認錯」的理由，簽了收回撤職的公文，柯文哲亦簽，一時間柯文哲獲得轉型正義的名聲，不過，到此還不算完成撤銷，經持續追查後續行政作為，隨後一年多的時間，撤銷解職的程序都不曾再往前推動，一線採訪，教育局對媒體提問始終結巴，直到二〇一八年初，評議小組仍維持原判決。就此，柯文哲的強硬推動，非但沒有辦法克服眼前行政上的困難，在起初沾了名聲後就不再緊盯此事，也讓人見識到柯P並無意復職蕭。

而此案的第二份「復職」公文，則關係到是否該歸還蕭曉玲遭解職以來的九年本俸，以及蕭曉玲將到何校任職，在這份公文還沒完成前，湯志民就已火速辭職，時法務局長楊芳玲也認為「沒有法律理由讓她（蕭曉玲）復職」，楊還跟柯文哲說，「你要簽，你就要負責」，令柯相當不悅，後楊芳玲也以自己太常當市長的「煞車皮」為由，自行離職。

在此案中，柯文哲為達成其目的，強行要求下屬，犧牲一位法律人、一位熟悉行政體系的官員，因不願配合而走人，不過，即便如此，最後呈現出來的，柯並不在乎是否真的落實轉型正義，所幸，在民主法治下，柯市長如帝王般的強勢權力，在過程中，是受到制度牽制的。

4

柯蔡體制：璧如媽媽與缺乏安全感的柯P囝仔

柯文哲從台大醫院離開後，帶到台北市政府最重要一位人物，就是護理師蔡壁如，蔡跟隨柯文哲二十餘年，期間，柯與蔡分別跟過多位助手與長官，但最後在眾多人群中，依舊讓他們倆碰在一起，成了最佳搭擋，蔡到了北市府後，任職相當於大內總管的職位，即最重要的市長辦公室主任，掌管柯文哲每日走訪行程，在其他幕僚都只有行程建議權、刪除權時，蔡壁如卻擁有挑選權，此外，還能決定每日市長室晨會的討論事項，等於控制了最重要的柯文哲的時間分配。

蔡壁如對柯氏管理、行事風格瞭如指掌，更對柯氏語言與思維熟悉得一清二楚，外界不懂的「柯文哲理論」、「柯文哲語錄」，蔡都能隨時翻譯，被稱為柯文哲的「翻譯蒟蒻」，將柯文哲的語言翻譯成常人能懂的語句，從柯蔡互動中，也能感覺到柯對蔡的依賴。

政治幕僚張益贍就曾對蔡有過貼切的形容，「柯文哲一輩子只聽一個半女人的話，一個是他老婆陳佩琪，另半個就是蔡壁如」，將兩人的關係描摹到位。

柯文哲隻身一人來到北市府，在他從小受日式教育的大男人外表下，能感受到柯的許多焦慮與不安，事實上，能進入北市府高層的人（包含政務官與事務官），都不是簡單的人物，政界更是龍蛇雜處，甚至各懷鬼胎，柯文哲在其中行走跳躍，往往受到震撼而震怒，光是二〇一四選舉期間，自己的名號就曾在外被拿來招搖撞騙、吃過悶虧，回收的募款款項，遭人從中偷偷抽佣卻不自知，事後知情，還不能不認債、還人情，加上原本在台大醫院的白色巨塔中，爭鬥本就不少，更加形成柯 P 的多疑性格，凡事先質疑對方動機。

「以前台大醫院鬥很兇，但敵我分明，台北市政府也鬥很兇，但敵我不明」，**這是柯文哲的想法，也因為敵我不明，柯 P 習慣性地對身邊人抱持普遍懷疑的態度，腦中設想各種遭算計的可能性**，據柯身邊人說法，在大巨蛋案上演正烈時，甚至懷疑過，是否有遠雄的人被安插在自己身邊刺探軍情；在兩岸互動上，柯 P 也懷疑是否有對岸的人派在他身邊監視。

我也曾有過一次經驗，二〇一五年我撰寫一份新聞專題，以迴歸分析檢視發給生育補助對刺激生育率的影響，統計結果顯示中度相關，我認為此份專題應可作為北市府施政時的參考之一，因此，透過幕僚放到柯 P 桌上，但柯看到的第一句話是反問幕僚：「你為什麼要給我看這個？」

以上只是稍稍舉例柯對身邊人的多疑，也就是在這樣的氛圍跟思考下，柯文哲能全然信任的人極少，也因此，在大巨蛋案中，歷經了副市長林欽榮、鄧家基，以及最後由陳景峻出馬，在關鍵的是否要與遠雄終止契約的危急時機點上，柯文哲依舊派信任度最高但無市政專業的蔡壁如，作為代表他的「唯一特使」，前往遠雄大樓與趙藤雄火線談判。

蔡壁如如何看待外界對她「地下市長」的稱號？

蔡壁如對柯文哲的忠心，以及凡事以柯Ｐ為中心的出發點，在外人看來，就好像蔡媽媽與柯Ｐ兒子，蔡在談到市長時，也多半以「柯文哲」相稱，少聽聞「柯市長」或「市長」，足見他倆的互動密切。

二〇一七年，蔡壁如已清楚認知，柯Ｐ新政中的四年二萬戶公宅數量，在第一任期中是會跳票的，蔡壁如告訴我：「這部份要怎麼給予好的論述告訴民眾很重要，三年要做出大政績不容易，因此，柯文哲的清廉、勤政、愛市民形象，要塑造出來。」這是在一次與蔡的會面上，蔡的親口之言。

在蔡眼中，柯Ｐ是有能力的，蔡認為，這也是他為什麼要這麼拼命，因為只有「勤奮」讓他可以被看到，「勤勞」要被烙印上身，所以二〇一七開始，主責安排柯文哲行程的蔡，便開始安排柯Ｐ走讀十二個區公所、勤走地方基層、與商圈人士座談，刻意讓地方人士頻繁地看到柯P，因為見面總多了三分情，柯雖不善於與人互動，但人氣還是有的。

蔡壁如身為一位護理師，但卻能逐漸與政界接軌，這也是蔡壁如一項讓柯P嘉許的特質，即蔡壁如遇事願意去學習，並一心向柯文哲靠攏。

在盤點二〇一八年的市政主軸時，柯文哲雖嘴上喊著不認同亮點政治，因為政治要落實在每天的生活中，但蔡身為柯文哲最忠誠的首席顧問，知道外界對柯依舊有亮點的期待，因此，構思了「市場市長」的口號。

她認為，四年內要做出讓人叫得出的政績，就屬市場遍地開花地改建，比方過去十八年沒開工的環南市場、三十年沒開工的成功市場以及大龍市場等等，陸續開工，就能形塑出「市場市長」的柯P形象，而二〇一七年的預算會期，包括上述及第一果菜市場、萬大漁市場、南門市場、中崙市場、光復市場等，共四十六億元市場改建預算，也送抵議會，成了柯P首要向議員遊說通過的預算。

在前往「市場市長」的方向中，蔡身為柯文哲不可取代的頭號心腹，當然有她穿梭在其中的影子。碰到像環南市場改建，有一千三百攤的利益擺不平的情況，蔡刻意安排柯P去了很多次與當地溝通，但情況似乎比想像困難，攤商更揚言要在二〇一六年十一月六日的開工改建記者會當天到場灑冥紙。

就此，蔡壁如在前一個禮拜，每天晚上都前往拜訪市場理事長與相關人等溝通，當時，蔡向要抗議的人表示「你們想不想改建市場？」，眾人回答「想！」蔡倒是很有耐心：「好！那大家都有了這個共識，是之後怎麼分配大家沒共識，所以先讓我開工，後續我可以來跟你溝通……」以此安撫地方，就此談成了讓開工記者會順利舉行。

蔡事後也坦言，每天晚上去參加他們的市場利益分配會議。「一開始我一個也聽不懂，到後來進步到百分之八十聽不懂，但有什麼關係？那不是我的專業。」後來，聽得懂的越來越多，協調之後，問題也越來越少，最後談成「交通要能通暢，警察每天會去指揮」、「施工時的周邊清潔問題」等共識；「我還是回歸到我最大的特色——執行力，我就是要動工！」後面的事就逐步再來溝通，蔡壁如熟練地唸著柯P語錄：「革命分階段」，她強調：「溝通很重要，每個星期六早上十點準時出現溝通。」

「我就是徹底執行市長的命令，那他為什麼要這麼認真？他是個性使然，他沒有所謂開心不開心，用革命的心情在做市長。」這是蔡壁如眼中的自己與長官。若以另外一個角度看，溝通的行動，或許更多地與市場處及副市長等級的人有關，蔡壁如能身為柯身邊的紅人不是沒有道理，能不厭其煩地親自出馬，倒也不難想像柯為何保護蔡壁如，永遠比別人多。

不過，換個角度，一椿市場改建案，蔡壁如就跳過層層行政體制，涉入力度何其深，同樣的，其他許多市政議題，蔡更是以「解決問題」為唯一導向，因此，在過程中，經常性地過急、手段粗糙難看，只為達成她的目標，甚至，蔡多次將市長罵人的口吻，毫不保留地直接轉達到副市長或局處首長的耳裡。

像是對做選舉組織的幕僚，直批不懂「攻城掠地」，除嚴重影響府內的層級倫理、侵蝕到其他首長的權力，也讓許多助柯文哲打天下的人暗批蔡壁如張狂，哪裡會懂怎麼做。但眼見柯文哲這麼挺她，府內同仁普遍性地對這位柯P心腹，只能暗地咒罵，以「地下市長」，或以Line私下傳訊柯文哲，能勇敢當著柯P面前開罵蔡壁如者，多已識趣離職。

面對「地下市長」這樣犯眾怒、顧人怨的難堪稱號，蔡壁如倒是認為，自己對市政沒有任何概念，所以這樣稱呼的人，她自我解嘲，是因為「他們根本不認識我」，所以不會把他們的話放心上。

同樣的問題，柯文哲也面臨來自議員在議場的質詢，蔡壁如多次在議會遭議員指責，大罵干政，柯文哲卻也幾度為她辯護，用的都是「她不重要」、「她是一個什麼都不懂的女生」打圓場，這幾句話，更加突顯柯、蔡間私底下的好關係，不需要藉著公開場合言說保護或不保護，雙邊的信任關係更不需公開多言。

柯Ｐ心裡比誰都清楚，自己的政治生命中，不能沒有蔡，蔡的性格與所為，都是他默認許可下的結果，但在公開場合，必須順應議員的口味，將她貶低，才能持續達到「密使夠密」的效果，就像東廠錦衣衛，要動刀時，也得透過沒有浮上檯面的人動手才行。

在過去三十年擔任護理師的時間，蔡壁如與柯文哲的生活型態相當雷同，每天只有醫院與家裡兩點跑，身為女人的蔡，倒也無心打扮，不會逛街買些女人喜歡的漂亮衣服、首飾，完全可以說生活領域狹窄，蔡甚至承認自己是「井底之蛙」，以前生活重心只有工作跟小孩，小孩長大了後念研究所，根本也沒有她著力的空間，到了市長室，工作的時間與在醫院沒有兩樣，「還是比柯文哲早到，比柯文哲晚離開」。

「我是要做事情會做到最好的，所以我執行力強，有百分之百的執行力的。」蔡壁如這樣定位自己，越困難的，自己會去學習，所以「雖然我是學護理的，但我管一個很大的資料庫，我會跟工程師對話，醫生寫論文很喜歡找我合作，因為我有執行力，所以我也會去學很多東西，我會跑到台大計算機中心學電腦統計，我只有一個特質——執行力百分百。」而這也是習慣性地一直追求前進的柯文哲，除了蔡的「忠誠」以外，會重用她的另外一個原因。

面對外界指稱「柯文哲沒有中心思想」，蔡壁如甚至會把負面的事往自己身上攬：「我才是沒有中心思想的人！」「我是一個比較把自己照顧好，或是人家賦予我工作，我把他執行好的人，如果要我來選台北市長或議員，我完全沒有想像，也不會有想法，市長才有想法。」

雍正般不喜歡人挑戰皇權的柯文哲，搭配一位沒有太多想法、學歷不高、但一百%忠誠且執行到位的臣子，絕配！蔡對事情的「沒有中心思想」，也正是讓柯文哲放心的原因之一，因為在柯眼中，蔡是沒有能力侵犯他的皇權的！

「我一點能力都沒有辦法干政！因為我沒有想像，因為我沒有任何自己的想法，所以外界的『地下市長』形容都讓我很生氣，但最後我會歸因於對方不認識我。」蔡在多次與我交談的過程中，一再強調：「我的中心思想就是徹底執行柯文哲的意志！」不知是不是為了對外展現對柯文哲的絕對忠誠而說，因為蔡實在太了解柯文哲。

面對諸多應該由北市府所屬局處去執行的細節，卻由市長室主任出馬，可見柯與蔡對盯住「細節」有多重視，但人的一天都只有二十四小時，市政能量有限，「抓小」的結果難免「放大」，也因此造成在柯文哲主政下的北市，除延續郝龍斌申辦的世大運外，並沒有讓人印象深刻的國際級成就及一位首都市長該給予全台灣人的前瞻願景。

對於外界的批評，蔡也是知悉的，她不是沒有感覺，「有人說要『抓大放小』，這件事也對，也不對。」蔡認為，因為過去講到改建市場，往往碰到麻煩的協調溝通工作，大家就不敢動了，以致「口惠而不實惠」，「我們就是要去做！但沒有解決小事情，就會落入以前市長的『口惠而不實惠』，光喊要幹嘛沒有辦法達成，所以以前很多市長很難成就」。

在蔡看來，眼前的小事，是比國際級的大事還要來得重要的。因為，就柯與蔡的邏輯——「魔鬼藏在細節裡。」以前，在加護病房，病人死亡的機率很高，所以醫護人員及家人給病人的定位往往是：「他就是會死」或「他離死亡不遠了」，也基於此，柯文哲及蔡壁如為了達到救回來的唯一目標，每一個細節都不可以犯錯，包括抽血動作不到位，容易引發敗血症，尿管位置放不對，也會有不良後遺症，眾多小錯誤累積起來，就是如海嘯般的死亡錯誤。

在柯P的說法是「A的N次方理論——當A小於一，A的N次方值趨於零；而A大於一的時候，則A的N次方值趨近無限大。」一場手術，若麻醉、消毒、開刀等各階段都犯一點錯，都只做到零．九，則無限個零．九相乘的結果，就會趨近於零，同樣地，在市政上，若沒有嚴謹地將每個階段都做到一或更多，則相乘起來，就會出狀況。

「要做偉大的事情，就是每一個細節都不可以放過。」——蔡壁如這樣強調，而這也是柯與蔡過去三十年來的慣性思考，是柯、蔡共治下的管理學，進行到二〇一六年初，柯文哲也開始意識到，自己一直在當「科長」與「股長」，而非「市長」。

「台北市政府不是我想待的地方，我是很專業的護理師，所以台北市政府講的很零散的東西不是我想待的地方。」也因此，蔡常常跟柯講，唯有讓他當上下一任市長，自己才有機會回台大醫院，不過，柯文哲對於蔡二十年來的需要，至今仍是不可替代，因此，柯用眼神回敬蔡，讓蔡馬上就曉得，要柯放她走，實在太困難了。

因為在柯身邊，願意替她跳出來擋刀擋劍、解決問題的人，除了柯媽媽、太太陳佩琪，就只有蔡壁如會義無反顧了，且柯文哲明白知道，他們兩人的關係，並不同於柯身邊許多政治幕僚所想，意圖從柯身上撈到利益好處。

而在蔡的眼裡，柯文哲從過去學生時代的「好學生」、到「好醫師」、最後到「好市長」，生命經驗讓柯一開始就「習慣」很努力做一件事，因此，在她眼裡看到的柯P，對做「市長」一事，沒有什麼開心或不開心，甚至談不上有興趣，也是到後來才開始有自己的想法。

「用革命的心情來做市長」——這是蔡對柯P的評價，有種崇拜到不行的語氣，或許這也是蔡壁如在心理上，能跟在這位工作狂人身邊，歷久不厭的原因吧！

只會越來越吃重的蔡壁如角色

二〇一七年尾，在柯文哲幾度對外徵求新任辦公室主任的動作中，消息走漏，媒體開始報導柯文哲將市長室主任蔡壁如一職撤換，另求主任。外界霧裡看花，以為蔡再也不是柯P心腹，實則，在柯文哲的邏輯中，檯面人檯下化，才更能跳過體制，無忌憚地做很多事。

此時，柯市府內已經標準地進入選戰模式了，雖然柯不願承認，但這個動作與選舉當然息息相關。

市長室主任是個北市府的行政職銜，擁有此頭銜就必須謹守「行政中立」，二〇一八年初，正是柯文哲將選舉擺中間、其他擺旁邊的一年，蔡的撤換並非柯對其不再重用，反倒是更緊密的「柯蔡體制」進一步鞏固與成形，因為，在柯市府的邏輯中，躲在暗處的人，自然可以做更多事，尤其以柯對蔡的信任，勢必插手選舉，「辦公室主任」的行政職務，只會增加蔡私下喬事與處理選舉事務的難度。

依照《公務人員行政中立法》第十三條，「各機關首長或主管人員於選舉委員會發布選舉公告日起至投票日止之選舉期間，應禁止政黨、公職候選人或其支持者之造訪活動」。

換言之，「市長辦公室主任」的行政職務，對於蔡壁如日後為了選舉遊走在政黨與政壇人士之間相當不便，雖過去三年，柯也在蔡壁如的安排下，於上班時間，前往許多明顯與選舉有關的政治場合，或為了自身的政治目的，拜會政壇大老，但越是到選舉期間，隨著競逐者逐一浮上檯面，則府內也越加開始擔心外界的告發檢舉，屆時鬧上媒體可不好聽。

而蔡在對外說法中，都以自己日後將負責「對內」事務，「對外」工作交由未來的新任市長辦公室人選，還放出風聲，屬意民進黨人士擔任。

然而，放出這一風聲，其實有濃厚的測試民進黨對柯P態度的用意。二〇一八年的市長選舉，外界普遍猜測，若無意外，柯P仍會是拿下勝利的人，對政界幕僚來說，取得勝利的選舉絕對可以大大增加自己在黨內的地位，為自己謀得更好的職位，甚至成為日後民進黨與柯文哲的對口，這樣誘人的職位，不會沒有人動心，但幕僚們無不等民進黨中央一致對柯P的態度鬆口，才敢冒出頭，因此，果真乏應徵者，最後也是由柯P物色比較信任的同窗人脈李文宗，而非上任後結交的人脈，由這點也可見柯P的猜忌多疑，以及對現在身邊的政治幕僚普遍不信任。

果不其然，在職務內容上，蔡壁如所掌並沒有不同，府內會議及市政管考她同樣在握，至於選舉中最重要的柯P行程，她更是大權在握，選舉黃金三角：錢、人、行程，蔡壁如沒有一樣鬆手：錢方面，柯有現任優勢，除了用市政資源做選舉佈局與嘉惠，還能用比過去還少的錢取得勝利。

選舉時的人力方面，柯倒也不太擔心，雖說他屬意的二〇一四年競選總幹事姚立明，已表明「道不同，不相為謀」的不願協助之意，但倒也所傷無多，因為真正的競選總幹事與金頭腦始終都是柯文哲本人，諸多的幕僚都僅是提供意見給他參考罷了，在他的聲勢還佳的情況下，有才幹的人自然會聚過來，聲勢高點不怕沒有人才「進貢」點子。

至於選舉時的行程方面，堪稱選舉進入白熱化時，最重要的安排了，蔡壁如也一如二〇一四柯上任市長的慣例，主導柯文哲的行程，不論是市政性質的，如公宅開工動土典禮、商圈走讀，抑或是選舉性質的，如警察之友會、婦女團體、中產階級社團、醫界組織拜會等。其他政治幕僚只能決定什麼行程不讓柯去，唯獨蔡壁如有權力決定什麼行程要讓柯文哲去！

至少在二〇一七年底，柯文哲走到哪裡，依舊是人氣與吸票機，要前往誰的場、幫誰站台、站多久、怎麼互動、途經什麼情況，點點細節，都是選舉時的重要眉角，甚至一個動作、一個互動、一個表情，都可能有不可預期的正面與負面媒體效應發生，票數的增增減減，也在每天的出席「行程」中，起著物理及化學變化。

因此，毫無意外地，掌握行程的人，自然是掌握選舉節奏的人！職權最大、責任最大，自然是獲得候選人最多信任的人！

換言之，「明降暗升」是這次柯拔掉蔡頭銜的背後思考，「幕後化」則是主要目的，而以他倆二十多年的工作默契，蔡並不需要柯給予任何頭銜，一位願意在生產後第三天就回工作崗位的人，與柯的交情，早已不分你我。

柯文哲：太監管什麼事？

不過，說到底，蔡壁如對柯文哲忠誠無二是一回事，柯文哲到底如何看待蔡壁如？這也要從柯文哲大半輩子所在的醫院講起，身為醫師的人，往往會有無法掩蓋的菁英主義，眼睛看到的護理師，多半是事中「輔助」或「善後」角色，甚至會多少帶有貶低意識，柯對蔡也不免有此影子。

雖說府內普遍認為，蔡壁如是「地下市長」，但在柯的務實思考中，蔡並不具有擔任地下市長的資格。

一次，幕僚在安排北市發生緊急事件時，若市長撒手的接手名單序位，第一順位接手的人會是副市長，第二順位是當時的秘書長蘇麗瓊，第三順位，幕僚不好意思寫蔡壁如，但又似揣測上（柯Ｐ）意，所以寫了「市長辦公室」作為暗示。

柯P一看，立即明瞭，要求把蔡壁如拿掉，補上一句「太監管什麼事！」

由此可見，柯對蔡，其實是打從心底視之為管事的太監，並非政務的主力決策人，也不具備決策的資格，而之所以受重用，是因為其他可以做太監的人，都不夠中用、不夠忠誠，即便對府內最信任的蔡壁如，柯文哲也不改其對人的工具性、極端務實思維，不因任何人改變，包括蔡壁如。

5

權力平衡精算師：就算最信任，也要找人來恐怖平衡

即便是自己最信任的人，柯文哲對於蔡壁如的制衡，也並非全無。崇尚「帝王術」的柯文哲，相當了解權力平衡的重要，對於他唯一信任的幕僚蔡壁如，找來了新任研考會主委王崇禮制衡。

王崇禮是台灣的骨科權威，曾任台大醫院副院長、台大雲林分院院長，與柯文哲的結識，是在八年前的二〇一〇年，當時，兩人共同為台大醫院爭取國際醫院評鑑ＪＣＩ合作。

而之所以找來王崇禮，背後也有一段有趣的故事。要從二〇一五年說起，當時，柯文哲走訪韓國首爾，受到清溪川的治水經驗影響，讓他有意營造台北市的親水環境，具體做法是將琉公圳上的馬路打開，讓人能在水邊、與水親近，景觀需求外，也有助於減緩都市熱島效應。

因此，柯文哲希望合併「公務人員訓練處」與「研究發展考核委員會」，兩者合併後，在組織上才能成立「水局」，提高管理水單位的行政層級，才能擴大組織、辦大事，不過，後來因種種理由落實困難，讓水局終究成立無望。

也因此，公訓處及研考會就不必再由曲兆祥同時兼任首長，空出其中的一個位子，在二〇一七年初，柯文哲找來台大醫院醫師幫的王崇禮接任，成為北市府內繼衛生局長黃世傑、社會局長許立民、聯合醫院總院長黃勝堅之後，第四位「入府醫師」。

在王崇禮到北市府前，主導北市府所有市政的研考會並沒有辦法發揮全然的功能，主因在於蔡壁如大權在握，許多事從研考會列管轉為市長室列管，讓研考會內的業務一時間大亂，蔡壁如也時常性地將手直接伸入研考會，越過行政體制下的正當程序，直接抓第一線公務員去現場會勘，而市長室內不到十人的規模當然沒有行之已久的數十位研考人員來得專業，一時間管考混亂，研考會職員也透露著不知所措。

王崇禮的出現，正巧化解了眼前這道難題。

自從王崇禮進入研考會後，原本由市長室管考的市政業務，部分重新又回到研考會的電腦系統中研考，前後任研考會主委，柯P有完全不同的授權與信任度，顯見，柯文哲對於是否是從「醫界」來，有強烈的我族認同。

王崇禮的出現，顛覆了研考會過去的地位，改變了研考會與蔡壁如過去的互動氛圍。因為王與蔡同在台大醫院待過，台北市政府就是兩位醫師與護理師角色扮演的場景延續，當中有著醫界倫理的無形約制，柯文哲此番安排，讓蔡壁如巧妙地回到護理師的「配角」，而非研考的主掌者，柯P也藉此將研考會「實位化」，不再是個聽從蔡壁如命令的單位，王崇禮也得以放手從事研考業務，讓柯文哲私下稱其為「第四副市長」（北市共有三位副市長），可見發揮了實質作用。

王崇禮倒也是個明白人，面對自己突如其來的到職，他清楚會引起蔡壁如的不悅，對蔡壁如也是客客氣氣的，始終以「壁如姊」稱呼，避免人性使然下的兩方搶權摩擦。

不過，王卻也不時在市長室的晨會中，小嗆蔡壁如，就像白色巨塔中，醫師對護理師下指導一樣自然而然，蔡清楚自己作為護理師的輔佐角色，倒也不會與王在高層面前衝突，只是對此，蔡壁如也不是沒有情緒，不時體現在市政處理上，私下對身邊人發發牢騷：「王崇禮不是研考會主委嗎？都交給他就好啦！」這類酸溜溜話語。

柯文哲會貪污嗎？

我想這是許多民眾最關心柯文哲的一個重要問題。

與太太陳佩琪同為醫院醫師，基本上的經濟情況是富裕的，這個毋庸置疑，柯文哲家的財產都由太太一手包辦打理，買些什麼、投資些什麼，都不用柯文哲擔心，就連現在所住的房子，也是能幹的陳佩琪一手打點，搬家那天，柯Ｐ才意識到自己要開始換地方睡了。

先從監察院八十六期的廉政專刊，來看柯文哲家的財產申報情況。

柯文哲在台北市大安區金華段三小段有一筆自購約四十五坪的房屋，於二〇一一年以六千五百萬購入，登記在陳佩琪名下，另，柯文哲在新竹市千甲里段水利路，也有一筆土地，擁有兩百三十九平方公尺的二十四分之五，價值約為三百一十三萬元，無車，有活期存款新台幣兩千兩百六十七萬八千六百五十六元，另有基金收益六百六十八萬七千七百五十元，及向其父柯承發貸款一千萬購屋欠款，夫妻兩人合計有十一筆保險。

若簡單從財產申報，柯文哲因擁有大安區的千萬豪宅，稱得上生活富裕，大家也能從眾多柯文哲露面的媒體上，看陳佩琪為柯Ｐ打點所穿，相當簡樸，且可說不求新、不求貴，柯文哲本人物慾不高，褲子、衣服、襯衫，也都是一穿再穿、隔季穿，難得看他有新衣服、新鞋，當上市長後，醫生時期的襯衫，許多已過季、泛黃、老派，柯文哲也是照樣穿上身。

對柯文哲來說，衣著只要發揮他的功用即可，似乎衣服對他來說，是蔽體的功能，所以穿搭不重要，表現出來即是，柯即便當上市長，仍會出現土色格子襯衫的情況，配上黑黃相間布鞋及一頭灰黑亂髮，異常搭配，就像鄰家阿北會出現的穿搭，柯P不甚在意，幕僚們雖清楚知道這樣並不妥，但為了刻意保持他的「親民」形象，倒不多說什麼，在網友心中反成了真性情的加分項。

對柯P來說，或許在台大醫院急重症病房待著，早已看破許多人生的百態，他曾說，人生到了最後，只有插管與不插管兩種區別，吃得再怎麼好，隔天醒來一樣是一坨，因此，「錢」這種東西，對柯來說，是維持生命用的，即吃喝穿用等生計，太太雖有股票投資，但柯文哲對此是一竅不通也無興趣的。

柯家生計，是由陳佩琪掌握，柯自稱，從台大醫院醫師時期，除了有些演講費用會自己留用，其他財務就全數交給太太處理，太太負責買菜、購置家中物品，也因此，柯P並不知道一把青菜多少錢、維持家中生計又需要多少，在財務面向，對柯P來說，只要能向太太交待，讓太太不會唸他，就我的觀察，他對錢，沒有太多慾望，但若無法在財務上跟太太交代，柯文哲會展露異常的緊張與低頭，這一點從一場北市府辦的台北燈節超支兩千萬，傳出要由柯P負擔，陳佩琪氣得要跟柯P離婚，也可見端倪。

在家中，有佩琪頂著，但面對全台北市的財物規劃，柯P就會顯露出從小教育給他的傳統觀念：保守的財務觀。

舉個例子來說，柯文哲的財務觀是傳統到不行的人，錢首先要拿來維持家計（這部份是陳佩琪的工作，與他無關），在能維持生活後，接著，他會認為，錢首先要拿來「還債」，因此，在二〇一四年勝選後的選舉補助款近兩千六百萬元，柯會討論將當中的一千萬，用以償還買房欠債，即便幕僚都不同意這樣做。

如此也就不意外地，他會很大聲地宣稱，為台北市還了多少債，成了「省錢市長」，放在嘴上當成一項很大的功績炫耀，但這是過去的台北市長從來不會做的事，因為「省錢」，早已非現在主流的財務觀，而財政局雖不認同柯P的想法，更希望是靈活調度財務，但也會順著柯的意思為之，後經查，所謂的「省錢市長」，不過是財政局協助會計作帳。

經市議員發現，財政局透過「作帳」手法，把檯面上的帳務「處理掉」，換言之，與其說是「還錢市長」，不如說是一位擁有比較會「作帳」局長的市長。

在二〇一七年底財政局長陳志銘的資料中顯示，北市的公共債務現共有一千

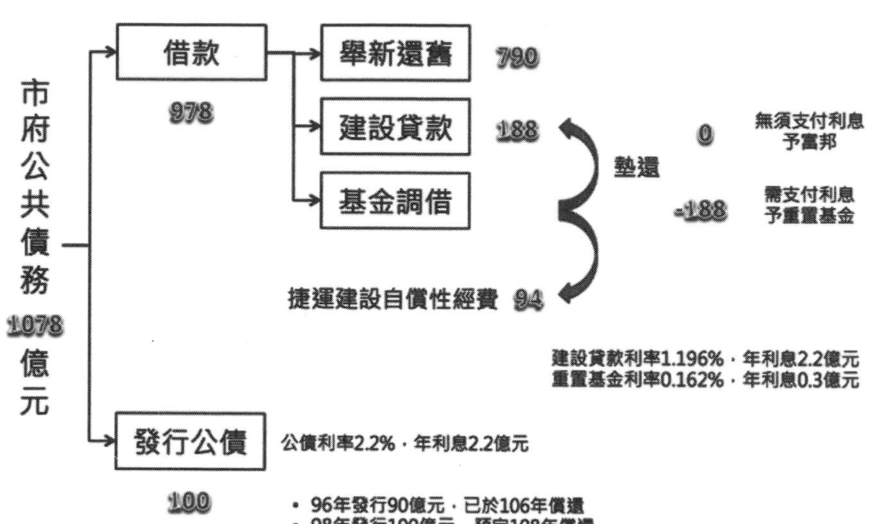

資料來源：財政局長陳志銘提供（2017.12.25）

零七十八億元，其中的一百八十八億元是北市府向富邦借款，財政局稱，因向富邦借款的貸款利率為一．一九六％，每年要支付給富邦的年利息支出高達二．二億元，因此，用北市府所屬的捷運重置基金款調借金額，先還款給富邦，重置基金利率只有零．一六二％，市庫可以年少負擔零．三億元的利息，不但富邦帳上沒有了這筆北市府欠款，還能每年少付高額利率。

這是聰明的為市庫節省支出的方式，但該筆欠款依舊存在，僅是從原本的「欠富邦」，改為欠自家捷運重置基金錢，因此，反映在北市府的總體欠款帳面上，就能少了一百八十八億這筆數字，北市府就此聲稱是「省錢」而來。因此，才會遭批，與其說柯文哲是位「省錢市長」，不如更說是位比較會「作帳」的市長。

當上市長後，柯Ｐ的薪水不比在台大醫院當醫生多，僅為原先的三分之一，在收入減少的情況下，陳佩琪真的是柯家的頂樑柱，負起財務重擔，身為小兒科主治醫師，卻依舊與年輕醫師一道排夜班，即便癌症開刀兩次，也不放棄排夜班，柯文哲洋洋得意的「家中沒有請幫傭打掃」，卻是全由陳佩琪一手包辦家事填補的，沒有柯文哲的幫忙打掃，而從二〇一四年選舉時，柯Ｐ需要大筆的現金打選戰，太太節省家計支出，也可以看出柯家的財務觀。

柯文哲貪不貪的問題，需要持續地被媒體與公民檢視，在我有限時空下的觀察，柯對財務不具有特別的野心，甚至有這方面的潔癖。

這邊有個小故事。幕僚從外頭為柯文哲買了一份近兩百元的飯食，柯文哲邊吃邊問多少錢？得知價錢後，嚇一跳，覺得太貴，因為自己平常吃的都是八十元一個的便當，竟唸了這位幕僚長達二十分鐘之久，身為一位市長，要關注的事情相當多，交辦下面一聲還錢給他即可，但柯文哲卻是立馬從自己口袋中要掏錢，但由於身上的零錢不夠，柯文哲又轉頭向身邊的隨行，問了身上有沒有錢可以湊給人家，為了還這個便當錢，一位市長，忙了好一陣。

此外，柯Ｐ與蔡壁如還在台大醫院任職時，蔡壁如有次吃了廠商的一個便當，這件事，被柯Ｐ念了二十年。

從這些小事，就可見柯Ｐ個人在財務方面的自守及潔癖。後來想想，柯文哲在這方面的堅持，或許也是為什麼每次在觸及阿扁議題時，他總是只願從醫療的角度探討，不願提及扁最根本的貪腐問題，因柯文哲是二〇〇〇年陳水扁競選總統時的台大醫院後援會總會長，潔癖的自己力挺了一位被貼上貪污標籤的總統，或許這也是為什麼柯Ｐ從不願公開啟齒阿扁貪污問題的原因。

只不過，不可否認的，政界有很多有利可圖處，讓這個領域變得更加誘人。**柯Ｐ自己或許不會主動貪，但在市長與候選人、關切地方與選舉跑場無法一刀劃開的客觀現實下，柯文哲倒也不避諱佔點公務預算的便宜，而底下的人，為了辦事，往往也不避諱從中牟利，柯文哲也是漸漸體會到這點，卻也從體會到默許。**

二〇一四選舉期間，柯文哲從一次偶然的機會中，得知有幕僚在外以他的名義募款，募得一位金主捐了兩百萬給他，柯後來向陳佩琪求證，得知只收到一百八十萬，柯Ｐ才了解到，當中的二十萬被幕僚從中抽佣吞了，後柯Ｐ將該幕僚開除，從這件事，柯文哲開始學到了，台灣有很多政治掮客、政治蟑螂，趁著一屆又一屆的選舉，居中謀利。

柯Ｐ身邊的人，確實有想從市政中覬覦標案、從中撈油水者，當中包括幕僚與一級首長，柯不是傻子，他當然有所知悉，因此，對身邊的人也多有防備，一開始，經他發現，會馬上開除，但愈到後期，政治幕僚漸漸走光，柯Ｐ也會選擇性地視而不見，雖嘴上念叨著實在很氣，但也隱忍著將他們遷移到不甚重要但可以撈油水的位子「養著」，撈了多少，柯Ｐ最多不聞問，但在競選或必要時，得以重啟使用，許多政治浪人就這麼在柯Ｐ授意下待著，持續尋找下手的標的。

眾多政治人物，從政的目的，不外乎兩個——權力或財富。權力可以讓人有優越感，有君臨天下的快感，用在好的一面，可以推動很多民眾真正需要的市政，造福民眾，用在壞的一面，就是鎮日用於鬥爭與建立自己的派系與人馬，為的是延續資源的把持。財富方面，勝者為王，敗者為寇，即因勝者得以擁有因戰爭帶來的所有資源，敗者不但得承受為了打仗而付出的錢財，還沒法沾到勝者的油水，除非願意委身。

對柯文哲來說，「權力」讓他心動的程度，更勝「財富」，因此，他基本不會為了眼前的財富，葬送未來取得更高權力的機會，但卻會忍受為了鞏固權力，對底下人狠撈油水的情事視而不見，或乾脆放心裡，哪一天有黑鍋要這個人背時，好好運用，否則柯P便擁有隨時將他們的罪行訴諸媒體的話語權。

換言之，當志在連任或總統大位時，一位在台大醫院積怨已久的人，得以一吐怨氣、大展鴻圖時，眼前的財務，對柯P來說，真的不值一提。

柯文哲開始越來越理解「水清無魚」，若「錢」這件事，會與他的政治名望牽扯在一起，柯不無向現實妥協者，為了自己眼前的聲望與政治前途，他也會因此容忍屬下，這是基於他並無班底的困擾，因為把眼前他有疑慮的人換了，沒有替代的人，反而傷著自己，辦不成事，因此，柯文哲在第一任市長任期中，常常在這之中推拉徘徊，把撈油水的人踢出去，又不得不因現實需要拉回來，很掙扎。

世大運開幕前一個月左右，觀光傳播局曾送來一份上簽市長的大簽，內容是開幕前兩個禮拜，要動用一筆上千萬鉅款做國際行銷，然而，該份公文讓柯P覺得相當詭異，不同於上到市長室的大簽需要觀傳局人員逐級簽名，該份公文只有副局長的簽名，柯意識不對勁，觀傳局回覆，局長簡余晏人在國外，是打電話回來交辦此事的。

柯當下傳副局長到市長室，得到的回覆是副局長也不在府內，柯文哲找來負責的科長解釋，但顯然沒有說服柯，此時，柯說了句「要不就幹掉簡余晏，要不就批文」，說完，就動手批准動用兩千萬，簡也留在了局長位直到世大運結束。

該公文讓柯P覺得「怪怪」的地方，在於世大運開幕在即，如今才動用鉅款做國際行銷，以常情判斷不甚合理，不過，在世大運如火如荼來臨的當下，臨陣換將並非上策，不但會打擊士氣，於己也有傷，更會讓世大運宣傳失焦，柯P在此案中，最後選擇睜眼閉眼，簡也就待到世大運結束，既然柯P也應允、背書這件事，自然也就沒有機會再追究此事。

不過，這些事情，柯文哲顯然是日積月累地記恨在心裡的，也顯然過不了自己心裡那一關，據柯身旁的人描述，留下簡的柯，在私下，無數次地以台語提及：「我實在是就討厭簡余晏。」

加以，府內決策圈的人都清楚，柯對簡的厭惡由來已久，柯、簡二人「冰凍三尺，非一日之寒」，簡在政治上的手法，就連一人之下的蔡壁如都想躲著她，也確實讓許多曾與她共事的人咬牙。

上任的第一年，有次內部市政會議，柯P當著所有市府高層的面給簡難堪：「妳不要把別人都當作傻瓜，妳在做什麼，我都知道。」意有所指地企圖讓簡難堪，簡倒是沒有回應，滿桌的市府高層卻都聽在耳裡。

柯P雖努力在財務上潔身自愛，但在沒有源源不絕的政治班底供他使用時，面對大是大非的抉擇，柯文哲會先選擇鞏固自己的執政、領導與威望，而非將錯的事導正，包含涉及敏感的財務。

不過，也曾有議員向柯P開口，要在地方選區開一條新路，該名議員早在地方盛傳，已在該地周邊買好房子等待都更，經過工務局新工處評估後，認為沒有開路的必要，開了後對周邊的居民影響大，且離開的居民卻只能領取一百萬的補助，得不償失。

批文前，柯表示，「雖然跟那個黨蠻好的，可是還是不該開」，沒有批准開路。柯P在這個案子中，雖面臨糾結，但他也一定程度做到有守，只是能持續多久不衰，就要看柯文哲在未來，能有多堅強的意志，抵抗政界的污穢。

精明如柯P，對市政資源與利益，分配進到了誰的口袋，也是相當了然於胸的。

二〇一七年十月，柯文哲拜會建商工會成員，與會者包括全聯董事長林敏雄、元富建設、水美開發實業公司董事長周水美等，柯文哲在場與建設公司負責人們報告市政，以及市府有意活絡的五至六個商圈，希望爭取民間企業協助。

由於市府在士林北投區，投入多個文化建設案，當中有多個都由周水美承攬，周同時是溫泉發展協會理事長、北市商圈產業聯合會理事長、北市府觀光委員會委員等，柯文哲任內將新北投火車站移回原址、開發北投城市博物館等，都有周水美涉足其中的痕跡，只見，柯文哲不忘在會中直言，「我想周水美是最大獲益者」，與會者形容，讓在場的周頗為尷尬，當然，柯P選擇在眾人面前釋放這樣的政治訊號，不知是不是有意對周「示意」在適當的時機回饋，答案或許只有柯文哲與周水美兩人知道，外人只能玩味了。

7

柯文哲的天王補習班

柯文哲認為政界中能與他談他有興趣的「政治哲學」的，只有一個半，一為李登輝，另零．五為謝長廷。

李登輝教了他關於 Thomas Carlyle 的「衣裳哲學」，象徵、形式、制度是衣裳，本質與真理才是本體，影響柯Ｐ產出了「標籤政治」的想法。

柯文哲所認為的「標籤政治」，意即標籤只是外在，重要的是實質內容，而這影響了他對近來橫亙在兩岸關係中的主軸思考——「九二共識」的想法。

不可否認的，九二共識的創造性模糊，替兩岸交往創造了許多空間，發揮兩岸在各方面交流交往的政治基礎作用，然而，這與外科醫師能接受的思維完全背道。

柯文哲認為，九二共識的內容並不明確，也不符合他外科醫師凡事講求「精準、明確」的性格，因為一旦病人資訊不明確，開刀是會死人的，因此，他不願對一個僅僅是標籤而內容不明的東西表態，加以「九二共識」這個標籤在藍營聲勢不佳的情況下，已經在國人心中形成不好的印象，不符合年輕人的期待，甚至厭惡，讓柯Ｐ更不願意去使用這樣的「標籤」。

柯文哲對自己的理想，是當一位「政治哲學家」，就像蔣渭水一樣，提著醫師公事包到處演講，以醫師身分為人民診斷，拯救陷於文化水深火熱的人民，因此，凡事能讓他更多地傳遞其不論是文化或哲學思想的地方，他都會有興趣從事，就像他從不拒絕在眾人面前發表長時間的演講一樣，一般政治人物反而會擔心失言，或被媒體大做文章，而不願發表長時間的演講，但對柯文哲來說，一方面他樂於發表自己的政治理念與治世心得，另方面，他也從不擔心失言，甚至每次失言，還有為他拉抬民氣的效果，民眾對他亞斯伯格式的失言，也習以為常、包容度漸增，反能笑笑帶過。

在二〇一八年初，有個機會與柯文哲閒聊，談及柯自認李登輝對其影響最大為何？柯文哲以一句話來形容李：「把理想放在心中，用最務實的手法完成他藏在心中的理想，他是日本武士。」此時的柯P比出武士道的切腹自殺動作。

接著，柯談到，「李登輝帶我去他的書房（李極熱愛閱讀），台灣的政治人物中只有兩個半有讀書的。」我忍不住追問了一句「半個是你？」「半個是謝長廷」，柯P露出奇醜的招牌笑容，虧了一下謝長廷，「另外兩個是柯文哲跟李登輝」，旁人又追問「蔡英文不算嗎？」柯文哲又笑了，補上一句「我沒有講話！」再度透露他對蔡一貫的不屑表情。

政壇前輩有一個共通特質，就是「居前功，聊前偉」，柯文哲在性格上，是個不折不扣的「好學生」，他遇到老師輩，聆聽的「耐力」十足，以柯的聰明才智，也足以讓他問對有深度的問題，試想，有哪一個老師不喜歡這樣的學生？

因此，**柯在向政壇前輩請益的柔軟身段，很快獲得拉攏及傳授知識，那些不甘於真正退休的前輩，也利用柯文哲延續自己在政壇上的不墜地位，柯P自然也攀著這些曾經呼風喚雨的前輩，拉抬對話高度，互有消費**。

比方說，柯文哲是阿扁的醫療小組成員，保外就醫議題，柯就能多次公開表態，每每引起媒體軒然大波；柯P也藉此公開施壓蔡英文政府，引戰意味濃厚，突顯獨霸一方，扁也自然地攀著柯P，凝聚扁迷向蔡英文表達高度不滿，政壇界的互相利用，可說是家常便飯，柯文哲早深有體會。

一時間，政壇前輩們紛紛與這位未來之星打交道，事實上，事情本身多與柯文哲無涉，卻成功讓他佔足了媒體版面，柯文哲也不諱言，「政壇的前輩對我都很好」。

至於二〇一四年市長選前，挺柯的親民黨主席宋楚瑜，選後獲得「首席市政顧問」的美名，他給柯最大的影響，要算是其給柯「兩岸一家親」的積極建議，以及關於「勤政」與「行政效率」的想法。

「兩岸一家親」對柯文哲上任後的兩岸關係，產生極大的助益，在雙城論壇雖遇到困難，宋即時遞出這一建議，讓柯於二〇一五、二〇一六、二〇一七年的「一家親」友善氛圍下，逐一打通關，也在眾人心裡塑造出柯文哲能在兩岸急凍下，依舊有能力處理兩岸關係的印象，成了陸方對台智庫口中「綠營當中最有能力處理兩岸關係的人」，事實證明，民進黨議員若沒有柯P的領頭，無法單獨前往中國大陸。

不管柯文哲如何在台大醫院這個菁英群聚的地方，了解政治是怎麼一回事，他畢竟是政壇生手，一個人也畢竟無法總是那麼堅毅強韌，總有脆弱的時候，柯文哲也一樣，在無力感湧上的時候，他會習慣性地向人倒苦水、碎碎念。

但在他的團隊裡，柯P相當清楚的是，要嘛是政治資歷跟他一樣淺薄的人，向他們諮詢，也諮詢不出什麼東西，要嘛就是對他有所圖，並非真心想幫助他，因此，柯P選擇「取暖」的對象，就是政壇的前輩，因為他們跟柯並無利益上的直接衝突，又能給他大局的思考，此時的柯，就像十足乖巧的學生，認真的扮演小海綿，吸收著前人的政治智慧。

比方說，柯P任職市長的頭三年，都維持每一到兩個月，就前往拜會宋楚瑜的頻率，宋楚瑜曾就府會運作、市府的施政作為、水環境問題等省長時期經驗，給予柯Ｐ建議，特別是柯文哲在跟民進黨因雙城論壇講稿送國安會卻遭放生一事，以及小英政府無預警拔掉他的心腹警察局長邱豐光，而跟民進黨處在關係低點的時候，柯Ｐ本質上覺得民進黨在刁難他，因此，主動找宋抱怨民進黨的打壓，也詢問宋怎麼看他跟民進黨間的關係，宋就會以過來人的心情，貢獻想法。

不過，事情總有反過來的時候，二〇一七年九月，柯文哲受宋楚瑜邀請，參加親民黨的民主青年營，宋在眾人面前大力讚賞柯的世大運表現，大捧柯Ｐ在閉幕上讓人感動的演講，還當眾稱，自己要與柯文哲組「務實民主大聯盟」。

不過，現實如柯文哲，顯然不讓宋隨意沾他的光，更不願為了與親民黨親近，丟了與其他黨派陣營合作的空間，他當場指正應將名稱改為「下午茶大聯盟」，解釋不同主張與黨派本來就都能合作，都可以坐下來談一談，甚至開玩笑說，有時也可以一邊幹譙、一邊合作，這才是一種新的政治文化，讓宋當眾難堪，不過，他也趕緊補上，自己定期都會去向宋主席請益。

柯也有其小聰明的地方，雖說沒給親民黨的首領宋楚瑜面子，但當親民黨籍議員向柯Ｐ要官位時，柯倒也能「切割處理」，善用自己的行政資源，施惠親民黨籍議員，因為柯文哲知道，在剛上任時，是因為搞定了這些政壇大老，讓他們願意挺自己，進而要求黨內旗下議員們不要在市政上對柯太嚴厲，如今，黨主席一旦決議與自己切割，旗下的議員也很有可能在態度上一夕變卦。

因此，**柯文哲慣於與個別人等建立「單線連接」，也是他從雍正學中所學得的「密摺制」，即不需要透過任何人來找任何人，他自己的手機或通訊軟體就能接觸到本人**，如此，可以保持所有人圍繞在以他為核心的周邊，他也得以建立單線情誼、單線交辦秘密任務，就連訊息交換也是單線的，減少有人居中多嘴及上下其手的空間，就連下面的人有事「密告」，都盡可能做到他一人知曉，並暗中行動，建立與個別人的協同作戰空間。

此作法具體落實在擔任市長三年多來，經常「親自」去認識與拜訪各地方里**長與公廟、工商會代表、地方意見領袖，從不透過與地方人士熟稔的議員搭橋鋪路，而是善用他的市長權力、魅力，撬動對他有利的各類資源，主動走入人群，接受萬人擁戴與有心人的靠攏**，有必要的時候，不論是獲得第一手消息，或有事情要處理，自然有機會派上用場。

這點，是前任市長郝龍斌萬萬不及的，郝不喜歡到民間走動，在地方看來，郝的「親民」程度，自然無法與柯相提並論，見面三分情，柯文哲雖骨子裡不喜歡與人接觸，但他清楚知道這是政治這條路上的必須，甚至知道主動走入人群，製造機會，讓人與他合影，創造「被捕獲」的網上人氣，這一點，受宋楚瑜的「勤政」影響不小。

而駐日大使謝長廷影響柯P最大的，要算是政治中的「實力原則」。謝曾告訴柯P：「把現在的事情做好，最重要。」讓民調衝高，就不怕沒有下一屆的民進黨禮讓，這個觀點也持續在柯P的日常訪談中出現，可見柯P甚為認同。

柯在政壇前輩中，在個性上與其最投緣的，就算謝長廷了吧！兩人說話總是一搭一唱，相當合拍，從一次的對話，就可得知。

有一次，媒體問起謝長廷是否可能成為民進黨與柯文哲之間的橋樑？謝長廷說：「何必我來當橋樑？」閃躲意味濃厚，柯文哲立刻表示：「欸，阿你是市政顧問呢！」刻意拉回謝的立場，謝再度打趣回擊：「市政顧問看起來很大，但市長以為我不知道，市政顧問有六百多個。」柯文哲聽到後呵呵大笑，「但是你是副總顧問。」謝再回：「台北鐵路的副站長有二十三個，有時候立委來關說，需要副站長去接待……」兩人一搭一唱，不但有立場上的高手過招，在眾人面前，還化解了可能的尷尬，也讓外人看得出雙方的好交情。

不過，當面對嚴肅的柯文哲與民進黨競合關係時，身為民進黨大老的謝，也不得不表態：「柯Ｐ也不能完全說是民進黨，也不能完全跟民進黨對立」，「不等於民進黨，但包含民進黨，或是很大部份的重疊，但不完全重疊」。

柯文哲不諱言，受到諸多政壇前輩的親授，這樣的補習班，叫做「天王補習班」，學費是「天價無誤」。至於柯本人怎麼看大家對他的好？柯文哲是這樣說的：「因為我不是政治人物，很有趣喔，所有大老，林義雄、姚嘉文、李登輝、謝長廷，問這些人物對柯文哲的看法，答案會滿奇怪的，因為──柯文哲不是政治人物。」他又重述了一次。

「因為我跟人家不一樣，我本來就不是政治人物，他們（指政壇大老）已經退出政壇了，所以以他們的立場來想，什麼樣的人對台灣會比較好，他們已經沒有利害了，你如果去看檯面上的政治人物，柯文哲還是比較有堅持，比較有理想性，這個都是他們當年很想作但自己沒有辦法做的，有投射作用。」這是他的解讀。

其實，柯文哲心中，除了蔣渭水，還有一位令他尊崇的偶像，同樣是醫生，那就是拉丁美洲的革命英雄切．格瓦拉（Che Guevara），他嚮往切．格瓦拉領導下的共產革命，而柯本身與切最相像的作為，就是切在二十三歲時騎摩托車，從南美洲一路由南到北，柯P則效仿，由北台灣騎乘腳踏車到南台灣，加以柯也喜歡如同切一樣，做田野調查，這些都是柯P有意或無意、對自己或對外做出效仿名人的印記。

曾有人問柯P，一口氣騎乘「一日雙塔」、「一日雙城」，從北到南，最大的秘訣是什麼？柯文哲回應：「一是踏出第一步，二是雙腳不要停。」

但其實，這並非柯P的原創思考，在切．格瓦拉的摩托車之旅日記中，就有這樣一段陳述：「任何優秀探險者的第一守則都是：探險有兩個端點，一端是出發，一端是到達，如果希望兩個理論上的點，變成現實上的點，就不能去想中間的過程。」可見切對柯P的最大影響，在於「堅持」的力量，堅持，讓這位年過半百的阿北，完成了壯舉。

第二章

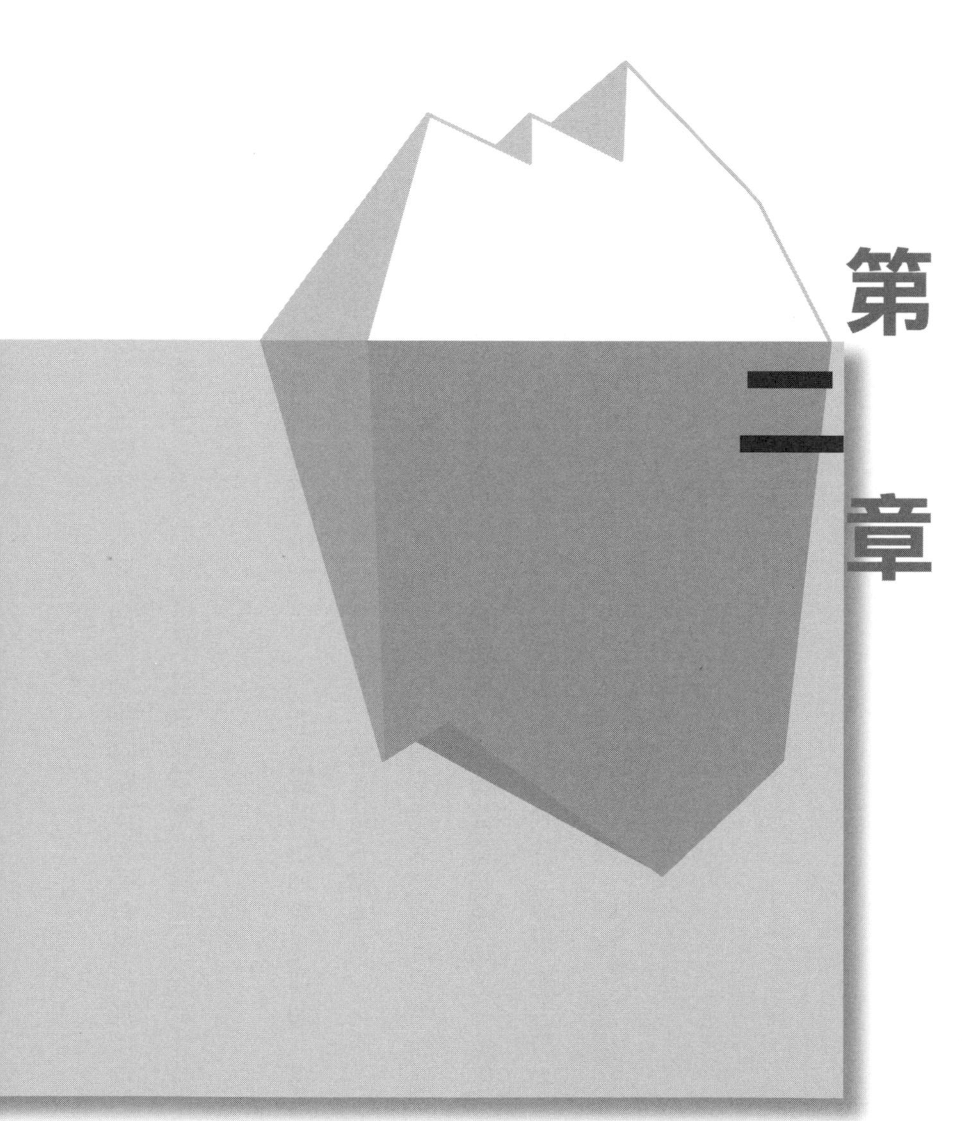

柯 P 與台北市政

對柯文哲來説，醫師是個他深以為傲的職業；柯 P 執政後期的台北市政府，有五位醫師首長，倒也第一次讓人見到「醫師治事」的特殊情景。

1

北市府內的「3P」與「醫師治市」

研考會主委王崇禮，除了有制衡蔡壁如的功用，對柯文哲來說，王的入府更具有絕對的好處！因王崇禮制衡了柯P的老師——衛生局長黃世傑，對以皇帝自居的柯P來說，可說是一步一石二鳥的好棋，極妙的一招！

黃世傑曾任台大醫院雲林分院院長，在學經歷上，從大學、碩士到博士，都是台大醫院的高材生，不輸柯P，在年齡輩份上，又是柯P的老師，基於此點，黃世傑總是在見到看不過去的柯P領導作風時，數度在公開會議上指責柯P的不是。

在市長召開的內部會議上，黃世傑的「直言」早非新聞，見柯有待事待人的不妥處，往往會不留情面的指正，在醫界重視輩份倫理的場域待慣了的柯P，加以從小受到日式傳統思想教育薰陶，柯P不習慣也不願當面反駁，以免落下以下犯上的名聲；但他基於自衛，會本能性地尋求外界援助，比方說，在會議現場，會用眼角餘光瞄向在座的其他局處首長，尋求聲援，但局處首長們未必都能救援成功，讓柯P萌生找個人來制衡自己老師的念頭。

黃P是位「師」味很重的人，人生閱歷豐，指責起柯P，倒也頭頭是道、不無道理，一時間，旁人也很難反駁，人稱「黃P（professor）」的他，多次毫不留情地在內部會議上「用力地提點」柯P沒有體諒同仁，所下的命令，總讓下面的人很難做事等，一次、兩次也就罷了，柯Ｐ顯然很不耐煩，甚至沒聽進去，但黃的毅力堪比柯Ｐ，在一次市議會開議的公開場合，甚至舉手表達對柯文哲的不滿，還當著媒體的面，公開給予柯Ｐ「謀定而後動，要有同理心」的忠告，就像教訓自家小孩一樣自然自在，直衝柯Ｐ的尊嚴，只見，當時的柯文哲，僅能尷尬而無奈地笑笑，對黃毫無辦法。

王崇禮，人稱「王Ｐ」，他的出現，卻能打破這種柯Ｐ對黃Ｐ懷有不滿的局面。

明眼人都能看出，黃Ｐ已嚴重侵犯到柯Ｐ的領導權威，更具巧思的是，黃、王二人都是骨科權威，專業領域中的「王不對王」，注定了兩方不會「合」，加以兩人分任前後任台大雲林分院院長，黃的院長職期間為二〇〇四到二〇一〇年，王緊接著於二〇一〇到二〇一五年任職，分任前、後任，代表了後任可以抓住前任院長時期把柄的味道，這樣的特質，正好給了柯Ｐ找王崇禮進府的理由，除了在會議中能制衡總是對柯Ｐ直言的黃世傑，柯文哲這一步棋，也能確保不合的兩位，在府內勢力上不會團結起來對付他，達到權力的平衡，權力的平衡，則象徵著最終得利的會是柯Ｐ，任一方都坐大不了，任一方也都威脅不了他，最終，任一方都會向他靠攏、想獲得他的榮寵。而這也是柯文哲在如同宮廷的市政府內，施展的帝王術。

柯文哲主導下的「醫師治市」

柯Ｐ、黃Ｐ、王Ｐ，合稱「府內３Ｐ」，再加上社會局長許立民、聯合醫院總院長黃勝堅，柯Ｐ執政後期的台北市政府，有五位醫師首長，不同於扁、馬市長時期，重用法律人，以及郝龍斌重視農化與食品專業，柯文哲領導的台北市，倒也第一次讓人見到「醫師治市」的特殊情景。

對柯文哲來說，醫師是個他深以為傲的職業，白色巨塔中，雖然有他的敵人，但當中若能跟他合的，基於醫師同行，柯文哲的個性使然，讓他對同行有著高度的認同感，因為這是他一輩子努力打滾的地方，加以醫師間的共通語言，讓柯Ｐ更覺親切，不知不覺一股「你懂我」的心情，油然而生，光是想到這件事，就能讓柯Ｐ開心很久。

比方說，「免疫休克」就是柯Ｐ常常在市府內部會議時使用的語言，在醫學上，免疫休克，指的是一時間的衝擊太過劇烈導致的休克，遇到這種情況，必須做出緩解的適當調整。在市政議題上，柯Ｐ會很自然地引用這四個字，來形容市政推展過快，導致各種不能適應的情況，但非醫學出身的局長卻未必能理解其中含意，導致與柯文哲不在同一個溝通頻率上，無法「共振」的結果，自然難與柯文哲進一步接近。

因此，當曾為內科醫師的綠營明星賴清德，於二〇一七年九月上任行政院長時，蔡英文主政下的「林（林全）下賴上」，讓柯文哲將好心情忍不住地全寫在臉上。

柯文哲在二〇一七年九月五日受訪時展現好心情，且有意突顯與賴的好交情及溝通無礙，「我跟賴清德滿好的，而且我們兩個在講話，別人都聽不懂，因為都用醫學名詞。」柯文哲笑得非常開心：「同樣是醫生，有共同的語言」，對照柯公開罵林全內閣的前瞻計畫「只想花錢」，顯出柯與兩人溝通順暢度的差別，以及柯文哲以是否為我「同類」的角度，來檢視林、賴兩人為他帶來政治上的意義，此時，也再次強化了他對自己身為醫界一份子的榮耀感及高度的我群認同。

更進一步，**柯文哲確實將醫學上的管理模式運用在公務體系中，包括對問題進行ＲＣＡ（Root Cause Analysis）根本問題分析、對繁雜行政事務進行ＫＭ**

（Knowledge Management）知識管理，他也將台大醫院引入的戰情儀表板引入，讓首長能快速掌握問題全局，對棘手的跨局處協調事項，進行PM專案經理人制，在研考會內從事策略地圖（方向）與精實管理（效率）等，都是靠這群醫師首長將醫界經反覆驗證的務實經驗，設法轉換落實到市政治理上的具體表現，激起一陣台北市政府公務員界的水花。

而所謂採PM制，是基於柯認為，市府內有許多公務員僵化及分工不合作，這套沿襲台大醫院的管理術，由柯指定專案負責人，如副市長或局長、幕僚來統籌，跨局處協調專案，減少八萬名公務員大軍推、拖、拉的習性，讓事情得以貫徹。

比方說，在北投區的城市博覽會議題上，由政治幕僚張益贍任總PM；在萬華地區的弱勢扶助工作上，由社會局長許立民擔任；在大同區的街區營造上，由觀光傳播局長簡余晏負責；在中山區的捷運帶狀公園及赤峰街部分，由陳景峻負責；在士林區的捷運劍潭站周邊及綠色廊道部分，由文化局長鍾永豐負責；在大安區的客家文化園區及紀州庵營造、美國在台協會舊址改音樂圖書廳營造，同樣由鍾永豐負責。他們單線向柯文哲報告，也讓柯P得以跨局處、垂直式地掌握政事的脈動。

而像是工務局長彭振聲、財政局長陳志銘等，到了倒數一年，也算是柯Ｐ的愛將，從負責諸多的專案後證明能力及靈活度夠，因此，在選舉前，柯文哲也考量，要從市政團隊中，篩出可以替他打選戰的幕僚，ＰＭ制中表現良好者，就有相當大的機會入選戰團隊，甚至下一屆的小內閣。柯文哲始終想要打破八萬公務員的無效率，因此，嘗試以此作法推翻他看不慣的巢窠，包含他經常掛在嘴巴上的公務員間「只分工，不合作」的本位陋習。

這群醫生科學家們到了以社會科學為主的市政府內，在柯文哲「統治前先講統計」的思維下，逐步摸索以數字為主軸的科學管理與依數字決策的制度，比起前朝，台北市政府對數字決策也有了更深的著墨，「大數據治理」雖依舊受限於法規資安、局處協調困難、公務員自我保護為先的思維，以致推展有限，但總能看到一些先進首都治理的新火苗。

2

柯文哲的左右派通沾公策藍圖

「人民的小事就是政府的大事。」這句話是親民黨主席宋楚瑜所說，柯文哲拜訪後，承其後，故口頭上也跟著喊出，不過，這畢竟是一個相對空泛的詞彙，是施政時的政治口號，喊出時總能聚攏民心，但並無法讓人看出一位市長在決策時的真面目。

實際上，柯文哲沒有社會科學的嚴謹訓練，因此，在城市治理上，會出現時而「左」時而「右」的公共政策方向，在「效率」與「公平」這兩個價值中，柯文哲會依照議題的不同，讓政府扮演時而著重「效率」，時而重「公平」的角色，這是他極為務實的性格展現，也有怎麼走對他有利，就往哪個方向去的個人政治考量，經驗決定了他的諸多決定，除了選前就幫他每兩週上一次課的現任政務委員張景森，對他有極大的影響外，政策或左或右的選擇，更多地與其在台大醫院三十年的人生經驗，有極為密切的關係。

首先，在面對每一位個體市民上，柯文哲持有的是「右派」的思想，他腦中認為，大家都在自己的崗位上兢兢業業，每個人努力最大化，就是社會總和的最大化，就像他一樣，從小就是聽話的好兒子、奮力讀書的好學生、努力工作的好市民、解救人於水火的好醫生，以及他自己形容如雍正般，每日閱卷兩萬字、吐血而亡的好市長，早七點半、晚九是柯文哲的上班常態，就像他自己私下不避諱地盛讚自己當市長是「為國為民」，還會不自禁地認真詢問起身邊人：「為什麼都沒有人像我一樣努力呢？」讓身邊人偷笑，柯Ｐ的自我感覺良好，真是無可救藥！

柯文哲是社會中的菁英，與太太在薪資收入上，屬金字塔上層者，加以他本身的人生經驗，始終是兢兢業業打拼上來的，因此，循此脈絡，柯文哲認為，政府維護遊戲規則的公開與公平即可，大家在此規則下各自努力，就會如同他一般有成就，因此，在市政考察時，他不太能理解怎麼會有人租不起一個月四千元台幣的房子，直到市政考察親眼所見。

他認為，市場是公平的，大家應該尊重市場競爭機制，年輕人有政府給予的青創園區供打拼，政府不該被財團豢養、官商勾結，故他藉此打擊「五大弊案」，在風頭上，他也不畏戰地訂定一個向政府傾斜的「超額利潤回饋」ＢＯＴ契約機制。

「超額利潤回饋」ＢＯＴ契約機制，以南港區「內湖之心」為例，以往權利金都是由政府訂定一適用五十年的固定比例，但柯文哲上任後，首度訂定以級距做區分的權利金。

加收級距	加收百分比
預估營業收入 ×120% ＜實際營業收入≦預估營業收入 ×130%	乙方填具之百分比＋ 0.2%
預估營業收入 ×130% ＜實際營業收入≦預估營業收入 ×140%	乙方填具之百分比＋ 0.4%
實際營業收入＞預估營業收入 ×140%（實際營業收入高於預估營業收入 ×140% 時，均適用此級距）	乙方填具之百分比＋ 0.6%

資料來源：內湖之心 BOT 案契約書 P37

如乙方當年度實際營業收入高於權利金報價單所載當年度預估營業收入一百二十%，將依加收級距對應之加收百分比，收取累進之超額營運權利金。

以上是右派的想法，即「各自登山，各自努力」，社會中的個人，為了自己的目標前進，透過誘因加持，市場自動篩選淘汰，讓效率極大化。「政府」只是提供一個平臺給大家，角色小化，對人民做小程度的干涉與介入。「民間先行，政府支持」則是柯文哲對右派思想的詮釋方式。

柯文哲的右派想法，具體落實在由民間團體對需求提案，政府再配合，像是二〇一七年柯文哲在一場與民團座談的活動中，他當場要求幫助街友的「芒草心協會」、幫助民眾居住問題的「玖樓社會企業」，直接向政府提出可執行方案，而非只是講講要政府參考改進，柯文哲的邏輯是，民團比政府更了解議題的複雜與重要性，自能提出更切合時政的解方，他的到場，只是「接頭」作用。

「右派且務實」——是他認為該有的治市正常環境，包含他經常掛在嘴上的「政府是可信的；公務員是服務人民的；法律是給人民遵守用的；司法是公平的；警察是抓壞人的；監獄是關有罪的人的。」然而，他認為，當前的情況是：「政府是不可信的；公務員是管人民的；法律是給人民參考用的；司法是不公平的；警察未必抓的是壞人；監獄是關沒有辦法的人的。」

他用平民的語言，來講述政府的功能，這與他經常性地閱讀共產黨治國書籍有一定的影響，「黑貓白貓，能抓老鼠就是好貓」的務實，沒有哪位台灣政治人物，能更具體地將黑貓白貓的思考，貫徹在施政中了！

政府對於企業的態度，也是很好觀察領導人是左是右的指標。第一屆市長上任之初，柯文哲順應社會「反國民黨」、「反特權」氛圍，打擊五大案，為的當然是獲得社會的共振與支持，然而，柯也是位極度務實的人，表現在五大案期間，依舊不放棄在反商、反特權的社會氛圍中，持續拜會包括營建管理協會、企業高層，如曾以「交朋友」名義，拜訪長榮高層，形成私底下走訪企業界，檯面上又要「打商」的兩手策略，務實的程度竟讓台灣商界反應不過來，不知該如何應對這位看似新手市長，實際上卻佈局甚深的柯P。

而市長的拜訪看來沒有太大效果，因為在大巨蛋案後的兩年來，北市府招商成績不佳是事實，「後巨蛋效應」在台灣瀰漫開來。

二〇一六年的前五個月，身為首都的台北市，招商進帳僅三仟六百萬元，同一時間，高雄市已達四十三億，業者在市府所辦招商會議中觀望多於投標，雖不公開發言，但私底下卻對柯P做法很不認同，頻向市府的招商單位表達大巨蛋政治效應造成的業界寒蟬，即便遠雄在業界名聲不佳，其他廠商也痛恨有餘，但許多業界同行此時反站在遠雄立場，覺得柯市府做得太過，導致整體的蕭條，以及與政府合作上，難以預估的政治風險與成本。

在稅務上，柯市府的種種作法，都符合「右派」思維，即「輕稅」。

二〇一七年，柯文哲領導的市府，推動建商「囤房稅」稅率大降修法，從三·六%大幅下修為一·五%，也將前郝龍斌市府時期的副市長張金鶚，在二〇一四年十一月調漲的二·四到三·六%囤房稅，提案降為二%，後經市議會討論，議員們更是主動加碼下調為更低的一．五％，形同柯P與議員們集體聯手修改《房屋稅徵收自治條例》，大幅減輕建商持有空屋的成本，此舉引發議論；財政局辯護，是為了在房市買氣走低的當下，給予一年去化的緩衝空間，建商一年內沒有售出的房屋，將不採用非自住稅率，改為非營業非住宅類。

然而，如此作法，柯P無疑是為原會選擇降價求售的建商，解除高額成本負擔，不過，柯文哲卻在媒體前以「被議會偷襲」巧妙閃過可能會有的強大反彈，但實質看，柯P此舉與「居住正義」及課徵「富人稅」的方向背道，北市一年稅收也因此短少三．五億元。全台北市民也在過程中，錯失了一位沒有包袱卻也沒能帶領大家透過課徵富人稅，走向「公平分配」與「財富重分配」的市長，向建商妥協的柯P也在媒體界流傳，但此舉在一般市井間，卻隨著新聞焦點的轉移，逐漸被淡忘。

此外，公告地價也在柯市府內有了最大幅度的下修，大幅減輕持有土地者負擔，二〇一八年平均調整下修六．一二％，是近三十年來的最大跌幅，北市一年地價稅稅收減少二十億，且兩年調整一次，市庫少收四十億元，市長選舉年給予史上最大調幅，時間來得特別巧妙，然而，多數選民是健忘的，無產者不會因此有負面觀感，有產者卻會實實在在地感覺受惠。

四十億數字，可以讓北市家中有baby的四千對父母，領取每月八千五百元的政府托育補助，領取一整年，但無產者選民，卻很少會這樣想，社會也就輕易地放過柯文哲的這項帶有個人政治前途思考的決定。

長期，在台灣，選民以統獨議題作為選舉時的主要考量，而非西方對公共政策的左派、右派，因此，台灣的政治人物在公關的包裝下，自然又訴求左派的公平，又訴求右派的效率，不放棄右派的寬稅政策，也有左派發不完的社會福利，競選者對於左右的分野都未必不清晰了，何況選民？因此，形成在選舉那一刻，候選團隊只要將你我的選票騙到票匭，政見沒做到，你奈我何？等到下次選舉，只要再度套用競選團隊經多次科學驗證有效的煽動策略，自然又能獲得選票。

柯文哲及其幕僚團隊，當然也大大地利用了這樣的特質，因此，不難發現，柯文哲在五大弊案中以「貪婪的財團」標籤，貼在這些過去與馬、郝合作的企業，自身卻不願意去提導正公平正義的稅改議題，徒有將泥巴往財團身上倒，卻沒有實質地扮演積極的財富重分配角色。

而發生此事的這個時候，柯文哲才上任不到一年，民氣最旺，正應該是最無包袱，不受建商、財團或外在壓力制衡而能積極作為的時候，因此，僅在第一年，

就能從諸多柯Ｐ的作為中察覺，柯Ｐ對自我行為的解釋，比對他人寬泛得多，前朝是貪婪財團，自己卻是所謂的公平正義，而在民氣高的時候，往往能被廣大群眾埋單。

然而，柯Ｐ在某些公共政策的面向上，又同時持有「左派」的機會均等思想，這與他大半輩子待在台大醫院深刻的體悟有關，在那座白色巨塔中，讓他看盡了「醫療平等」的重要性。

柯文哲認為，政府應該在醫療上扮演給予每人「公平」的角色，而公平性的體現，在於台灣的全民健康保險要能持續維持。因此，在他上任第一年，一堆事情紛至沓來，柯文哲堅持要將健保提到更前面的議程，下令延續前市長郝龍斌的健保還款計畫，柯的要求是，五年內還款兩百零九．六二億勞健保欠款，也不惜動支號稱他的小金庫的「第二預備金」償還。

柯文哲上任不到一個月的二〇一五年一月九日，就「欠債還錢」，由市庫撥出十三．七五億元還款，七二．三八億元原可與中央協商還款額度，柯Ｐ寧可由北市府埋單，也不願意與中央溝通過久導致的拖欠，餘款也再與勞健保局協商新的攤還計畫。算是柯Ｐ目標相當明快的決定，背後有他長期在台大醫院工作的經驗體悟，帶給他必須這麼做的積極理由，由此也可看出，當柯文哲有決心做一件事時，會展現迫在眉睫的效率，前提是，是要讓他有深刻體悟的事，詭譎的就在，柯P對身為小市民的生活經驗體悟，並不多。

「教育」則是另一柯文哲認為有必要達到「機會均等」的「左派」公策項目，政府應積極介入。

柯文哲體認到長期的數位落差，會帶來貧富差距，為了解決不是每個家庭都買得起3C產品的問題，北市推出小學生「一人一平板」計畫，喊出民國一百一十年學年度，每位台北市的小學生就可人手一平板，弭平因家境造成從小開始的數位落差，此外，柯文哲也相當得意的是，由教育局推動的「酷課雲」，將老師教學影片上網，學生可以隨時上網收看複習課業，這些都是機會均等化的實質作法。

在「右派」人士的思維中，趨向保守與維持現狀，在現狀下「穿衣服、改衣服」，講求穩妥、秩序、漸進、緩慢的改革方式，柯文哲的施政中，也可見這些特質。比方說，面對小英總統上台後推動諸多改革，抗爭頻繁，柯文哲會說，尊重言論表達自由，但仍應在可控範圍內作改善，而非全然「顛覆」台灣的政治制度。

在一次偶然地與柯文哲交談經驗中，我觀察到他的右派思維。柯文哲告訴我，台灣政局真的是很麻煩，獨派一副要把小英換掉的樣子，他說他當面表達反對，接著以他的經驗舉例，他說，器官移植是大手術，手術風險本來就很大，之後抵抗力也一定很差……「我說我們能不能想辦法把小英撐住」，這就是他認為的寧可「穿西裝，改西裝」，而非全盤打掉重練，即便他對小英著實看不起，但在這件事上，他會就事論事地討論，具有一定的大局思考。

回到剛剛提到的，宋楚瑜告訴柯文哲：「人民的小事就是政府的大事。」柯也沿用了這個價值，因為這與他在台大醫院的經歷相契合，用柯文哲的直白話講，就是「如果你的屬下跟你抱怨馬桶不通，你就不要跟他討論三民主義統一中國。」總歸言，「細節也很重要」，但這樣的價值講到「落實」層面，就有賴柯文哲「苦民所苦」與「樂民所樂」的生活經驗，只是，這些經驗，柯文哲都少得可憐。

過去三十年，他的生活只有醫院與家裡，兩點一線，沒上過市場、沒抱過小孩、沒交過水電費，就連搬家都是「被通知」晚上該換地方睡了，社會化程度異常貧乏，這樣的經驗，也就注定了在施政上，與民眾距離相當遠的果，但市長每天還是有數不盡的決策要做，一句話動輒牽涉市民權益千萬百萬，在這種情況下，柯文哲成了一位「直覺決策」的人，也即「感覺上應該……」、「好像是……」、「我覺得怪怪的……」，這樣的市長，除非有得力、龐大且幹練的施政團隊，加上柯P的放權，幫他將事情落實下去，否則，就真的只能「感覺上」決策了，施政不精確鐵定會耗費巨額成本，但話說到此，要進一步精進，柯就遇到團隊乏人的問題。

還記得柯文哲於二〇一六年十一月十三日脫口說出搭乘捷運月票兩千五百元的「優惠」方案嗎？這是個標準的在外人看來的失敗經典，就連府內人士都對此搖頭。

當天的記者會，我也在現場，柯文哲脫口說將推出捷運月票兩千五百元的「優惠」時，立刻引起在場媒體記者的高度關注，頻頻追問相關配套，同時，還有不少記者拿出手機計算機，算著划不划算，是否真的叫「優惠」。

我也跟著旁邊的電視台記者匆忙地按著計算機，一個月三十天，以二十二天上班日計算，兩千五百除以二十二為一百一十三．六四元，若以定點上下班的普遍上班族為假想，則單趟必須要花到五十七元才划算，就算假日也上班，單趟也需要四十二元，計算下來，只有住在捷運路線終點站的市中心上班族，如北投、南勢角站，才能叫「優惠」。

當天記者會場上，媒體紛紛向柯Ｐ及在場的交通局長張哲揚提出根本不合算的意思，但柯當下緊咬並無修正的意思，只說這是第一階段試辦，目的在讓機車族轉搭乘捷運。

我是個大眾運輸的忠誠搭乘者，在場，記者們都感受到：「這個市長，離我們好遠……」於是在柯離開會場前，我嘗試喊出一個問題：「市長，你要不要自己搭捷運上班一個月就好？感受一下老百姓的生活？」柯文哲沒有回答，在媒體幕僚的護送下，快步離去。

果不其然，第二天，媒體爭相報導，一面倒地抨擊不可行，就連傾柯Ｐ的綠媒《自由時報》，也有報社特稿，抨擊柯Ｐ與市民的疏遠，還說，合不合算是小學生加減乘除都算得出來的題目，柯市長怎麼有辦法說得出口？更不要說當時還抨柯甚力的《中國時報》，以兩大個版訪問交通學者，甚至連北市府的交通市政顧問都搖頭，突顯此決策的荒謬。

基於機車族是柯想要移轉使用習慣，讓他們都搭乘捷運的一群，撥了電話給機車黨主席董建一，他認為，方向正確，但兩千五百元一個月的價格過高。轉而詢問北捷兩千五百元是如何被計算得出？總經理顏邦傑卻是出了名的保守與不敢面對媒體，對於記者「實問」如何計算？政策配套？預估會有多少人受惠？他均「虛答」回應：「都還在計算規劃中。」顯然，速度跟不上市長，市長與局處搭配的默契，在柯P執政一年多後，仍舊奇差，官員們本位地擔心犯錯，更甚真正做好惠民措施。

不過，相較於剛上任時的生嫩，柯已經越來越學會看媒體風向行事，第二天，逢市議會總質詢期間，面對議員提問為何產出這樣沒有思慮周全的政策？柯一句話讓人驚呆了！「我講太快了，因為昨天騎腳踏車騎太高興……」因為計算過後發現，每個月只有少少的一千一百人有搭乘超過兩千五百元，換言之，在理性計算下，至多只有一千一百人會購買市政府推出的兩千五百元月票。

面對這樣的「講太快」之辭，第二天眾家媒體都感生氣，生氣的是因為市長的一句話，媒體們受編輯台的指揮，前一天大家忙翻了，為的是尋求各類社會意見，或希望懸崖勒馬，或替市府找出更有利的票價優惠，但大家所忙卻是奠基在柯市長的一句講太快，沒有經過詳細評估的話上。不過，事後追查，交通局依舊不改其二〇一七年試辦頭三個月的作法，只不過，多了市長交辦，研議可以廣泛擴及通勤族的政策。

二〇一六年十一月提出兩千五百元的優惠後，直到一年多後的二〇一八年三月，柯文哲才連袂新北市長朱立倫，提出公車、捷運月票一二八〇搭到飽方案，推出的時機點，也頗令人玩味。

柯文哲是個喜歡做實驗的科學家，客觀數據更是他喜歡參閱的政策依據，就全北市來說，交通局擁有最為大量的大數據，每天海量的數據像跑馬燈一樣跑著，交通也是每一位小市民出門最最關心的事，柯市府大可以大開大合的拿數據作交通實驗，找出如何能不塞車的作法；按理，柯P也是最有本錢跳脫藍綠、不顧下一屆的市長，他理應有這樣的實驗勇氣，或說「被討厭的勇氣」，但在這個戰場，很明顯地，柯P怯步了，交通局的歷任局長也並無勇氣對抗強勢的柯P，因此整體難有大作為。

不過，或許是聽到這樣的聲音，第一任市長後期，柯文哲倒也願意改進，開始每週搭一次公車上班，幕僚團隊也說服柯P，其實市長有時候什麼都不用說，只要到場支持或做出一個行為，就有讓市民「上行下效」的功能，他每週一次的公車上班，也讓他經歷了沒趕上車的窘境，以及等車等很久而遲到的小小挫折，這些小市民每天經歷的日常，不用懷疑，柯文哲在過去三十年的台大醫院生涯，真的都沒有過。

柯文哲上任後的經驗匱乏程度，以及基此差點引發的錯誤決策，不說，你可能還無法想像！

在剛上任時，柯文哲透過教育局報告，得知少子化現象讓台北市的學校生員少了三分之一，學校很多資源都多出來了，當時柯文哲砍了許多他認為的非必要開支，像是市府大樓內的報紙、盆栽、隨扈數量等，得到「省錢市長」的美名，但此時，柯P竟在內部會議上，認真的爆出一句「那就教育經費砍三分之一啊！」一幕僚聽了，都傻了眼，紛紛加以阻止，有過行政經驗的人都知道，即便學校生員變少，但該上簽的公文並不會不用上簽；該對學生照顧的細緻度，也並不能因此弱化。

另，二〇一七年六月份，強降雨造成菜價狂飆，市議員紛紛拿出蔬菜放在柯P眼前，質詢柯文哲對物價高漲一事是否知情，柯文哲在沒有準備下，充分表現出對菜價的無感，他只說，「菜都是家中的太太陳佩琪買的，我從來沒買過……」一時間讓議員也不知要如何質詢下去，因為根本討論不起來。

買菜、搭公車、教育經費等，都算是市民生活中的「小事」，但碰到一位沒有什麼「小事」經驗的市長，小事也「大」不起來，甚至柯P的錯誤決策，為小事「添亂」不少，讓原本運作良好的台北市，衍生出大問題，或許透過柯Ｐ生活經驗的補足，未來能有更妥適的政策，只是，可以確定的是，在這段補足經驗的不短時間內，上述提及柯Ｐ學習時的種種錯誤決策成本，都得由全體台北市民承擔！

3

柯文哲與遠雄大巨蛋的生死愛戀

柯文哲主政下的「大巨蛋案」，早在柯文哲競選團隊眼見二〇一四年即將勝選時，就已籌劃要「動刀前朝」，過程中犯下的種種錯誤，有他的倨傲、有他的一意孤行、更有他以為的獲得公權力就無敵大的思維所致，不論如何，衍生到今天的局面，都得全民埋單。

上任後，為了要有個「正規」的團隊處理大巨蛋案的弊端問題，柯市府很快地將前市長郝龍斌時的「廉政肅貪中心」修名為「廉政透明委員會」，話說，在郝時期，則是將廉政會報取代肅貪中心，後朝將前朝名稱修改，「換殼」上市是政界常態，如此可以保留組織的原本功能，也能在表面上毀了前朝的東西，有自己的新氣象，柯文哲以此對外宣示打擊弊案的決心，身為媒體寵兒的他，果真贏得爭相報導，加以二〇一四年太陽花運動，社會中瀰漫著對新上任的柯Ｐ打擊不公不義的引頸期盼，一時間，讓人眼睛一亮。

柯文哲深知此，在幕僚的勸進下，也有意以此打擊前朝。團隊設定了「五大弊案」，以「大巨蛋案」為首，擴及包括台北文創ＢＯＴ案、雙子星大樓聯開案、三創資訊園區ＢＯＴ案，以及美河市聯開案，五大案的開打，讓柯文哲大肆佔據各家媒體版面，提高了眾所期盼，卻也因此埋下虎頭蛇尾、雷聲大雨點小的實際情況。

大巨蛋案與其他四案相較，最大的特色，在於尚未拿到使用執照，換言之，市政府最大的優勢，在於能以不發給使照的方式，換得遠雄的低頭就範！

只可惜，柯文哲及其幕僚將一切想得太過美好！邊走邊看的迎戰策略、自視甚高的態度，以及對遠雄董座趙藤雄不畏得罪政府的誤判，都讓柯市府在多場直球對決中，屈居下風。

柯文哲夾著高人氣上任市長，其意氣風發，從諸多作為中都可看出其內心認為「政府公權力最大」的倨傲，這樣的態度與堅定認知，讓他的作為在沒有扎實的論述與法律基礎下，顯得表面看來很強很自信，實則打腫臉充胖子。沒有底氣的出手，打壞許多市府手中的好牌，卻也逼使不了擁有龐大律師團的遠雄方低頭，加以過於自滿，缺乏打仗的節奏，付出許多慘痛代價，卻也難以挽回。

二〇一四年十二月二十五日上任市長後，柯文哲便有意找遠雄董座趙藤雄，解決大巨蛋案的諸多問題，包括監察院於二〇〇九年就大巨蛋BOT契約糾正市政府，指合約中的三十九項、共四十一條，有多處刪除了作為契約甲方（市政府）的同意權及監督權，放寬了乙方（遠雄）的義務、增加有利於遠雄的條文。

就職後的不到一個月的二〇一五年一月二十一日，柯文哲便火速第一次找來趙藤雄，要求遠雄修改此份馬英九任市長時期簽署的、向遠雄傾斜的不公平合約，柯市府則答應遠雄在大巨蛋工程有關的四項請求，這就是喧騰一時的第一次「柯趙密會」。

由於合約的修改事涉重大，而監察院的糾正效力僅止於要求行政部門改善，對民間企業如遠雄，並無實質拘束力，加上遠雄認為，需帶回經內部法務單位的評估後，才能修改定案，當天，雙方約定好，一個禮拜後再協商，雙邊也各自成立專案小組，也約定市府方面由副市長鄧家基為首，與遠雄總經理湯佳峯對口聯繫。

換言之，當次會議，遠雄同意修約，換來市府同意協助遠雄移動路樹、國父紀念館地下連通道工程、年底完工大巨蛋等四大條件，雙方做了條件交換。

各自散會後，遠雄內部確實著手修約事宜，然而，僅在兩天後的一月二十三日，主責談判的副市長鄧家基，以柯文哲下令為名，緊急要求遠雄人員於當天下午，速到北市府內，遠雄人員急赴市府，鄧家基現場要求，立刻與市府簽署願意全數依照監察院要求修改四十一項合約的保證書，此舉超乎遠雄預期，市府在兩天前已與遠雄的合意作為，原訂一週後再商議，卻突擊式、無來由地強勢要求簽署同意文件，此次柯市府形同壓頭硬逼的作法，從根本上破壞了與遠雄間的互信關係，也實質削弱日後雙邊友善互動的基礎，可以說是破壞後續一切良善互動的根源，此局面由柯Ｐ強勢妄為、鄧家基唯柯命是從構成。

遠雄不是省油的燈，在這次被緊急召來的會面中，當然不肯簽署沒有經過審視的文件，在選前就跟在柯文哲身邊從事網路工作、選後任職市長室專員的邱昱凱，此時立刻起立拍桌，強勢斥問被叫進市府辦公室的遠雄，不簽就是了？邱還表示，市長現在正在接受《三立電視台》專訪，言下之意，要求遠雄立刻就範、簽同意書，好讓柯文哲在專訪播出時，能有個可以說的「亮點」。遠雄也不是吃素的，沒有答應簽署。

不過，遠雄還是依照二十一日的協議，於一週後的三十日，去文市府，僅同意修正ＢＯＴ合約中的二十五條（而非市府預期的四十一條），並就履約保證金、營運權利金、土地租金等市府要求提高的部分，表示願意與市府協商，但基於合約訂定後若沒來由地修改，會對貸款給遠雄大巨蛋的銀行團構成影響，突然更改繳交給市府的權利金，也恐對相關股東構成背信，因此，對於柯Ｐ很有意見的五十年開發權利金竟被馬市長談成零元，遠雄願以「回饋金」的方式，返給柯文哲市府。

然而，市府對於遠雄只同意修改二十五條合約不滿，也不再願意履行包括協助遠雄的四大承諾，至此，大巨蛋合約至二〇一八年中旬，都再沒有修改的可能。

柯文哲上任初期對遠雄執意的強勢作為，失去用柔性力量讓遠雄妥協的機會，由此可見，柯文哲在談判上，更訴諸直球對決，同時也顯見，柯文哲與市府團隊的橫衝直撞，根本不是遠雄的對手，也讓柯文哲不夠社會化的特質，更加顯露，毫無遁形，而這樣的特質，在談判上，非但沒有讓市府從中獲利，還讓遠雄抓準了市府的談判弱點，趁勢而上。

修約議題無解後，柯市府轉向，開始打遠雄大巨蛋「公安」議題的主意。

二〇一五年四月份，由副市長林欽榮一手主導的大巨蛋安檢報告公布，市府自行找了一群府外委員替大巨蛋安檢，委員中包括先前與遠雄鬧翻的前巨蛋建築廠商「竹中工務店」成員吉田克之、濱田信義，該案由林欽榮一手主導，經我一段時期的追查，發現該安檢標案刻意地被分拆成三筆各自不到一百萬的費用，按行政院工程會規範，不到一百萬就不需要對外公告，加上「限制性招標」的限制，讓市府得以簡化內部評選作業。

在林欽榮的授意下，都發局人員更在簽約前就前往日本拜會安檢成員，對於這件疑點重重的採購，林欽榮多次避而不見，一次公開場合，終於讓我逮到追問機會，林拒絕回應，並表示，這件案子監察院已經在調查了，請王小姐放手，但到了監察院後，後續再無聲音。

後果不其然，公布的七項安檢標準，大巨蛋經檢查，全部不及格，市府並以世大運的開閉幕場地要跟大巨蛋脫鉤、不在巨蛋舉辦，有意讓遠雄失去時間優勢，不過，似乎無法動搖遠雄，使其修改建築圖、有所作為，柯文哲在這一局中，再次敗北。

在忍無可忍之下，柯市府又轉了打仗方向，於二〇一五年五月二十日早上，在面對媒體詢問時，氣憤表示，關於大巨蛋對松菸古蹟的影響，已經超過行動值（即不該達的標準），蒐集完資料後，考慮做出「斷然處置」，臉上盡顯怒氣。

果不其然，當天晚間八點多，大巨蛋遭柯市府以其違反《建築法》五十八之六條，不按圖施工為由，勒令大巨蛋停工，隨後就開始了為期一年多的檯面上鬥嘴，雙方極度不互信的結果，讓巨蛋案無實質進展。

隨後，於當年六月份出爐由廉政委員製作的大巨蛋調查報告，柯市府希望以弊案形式給遠雄下馬威，但列出不法事證直送法務部後，卻遭法務部稱非調查機關不受理，讓柯文哲在大巨蛋多個戰場上，都失去有力支撐，民意開始出現柯文哲「無能」的聲音，局勢越加不利於柯文哲陣營，市府思忖必須做出下一步動作。

二〇一六年四月份，副市長鄧家基表示，與遠雄有共識朝向「合意、合理解約」，雙方各自找律師探討後續細節，不過，依舊因為先前奠定下的極大不信任感，讓雙方並沒有後續解約的有關動作，事後證明，「合意、合理解約」不過是個對外的幌子，實質程序並沒有進行。

由於二〇一五年的時機點，馬英九仍在總統位，而大巨蛋的合約又是在馬擔任市長任內簽署，柯文哲因此認為，「遠雄就是有馬英九在撐腰」，才會有公家土地供遠雄使用五十年，但每年繳給市府的權利金為零元的荒謬情事。

眼見二〇一六年蔡英文有望當選總統，柯文哲便暫時對大巨蛋按兵不動，希望蔡於五二〇就職總統後，自己能與中央政府聯手，進入與遠雄對峙的下一步，方有勝算。

蔡英文一如預期地高票當選總統後，柯文哲便為了大巨蛋，拜訪時任行政院長的林全，在見面中，林全政府給予正面支持，柯 P 也就天真地以為中央會全力支持，未料從種種跡象來看，中央並不願在巨蛋案中多插手，柯 P 失望之餘，轉而希望中央不要與他不同調即可，中央也確實在後續中對大巨蛋保持噤聲，不願陪柯文哲淌混水的態度，甚為鮮明。

在無他法逼遠雄低頭就範下，柯市府慌了，開始到處找人徵詢該怎麼走下一步，在徵詢許多民間見解後，市府公開給予遠雄按一般工程慣例的三個月工程改善時間，也即自二〇一六年六月八日起計算三個月，要求遠雄必須修改建築圖說，否則市府方面就會啟動與遠雄「終止契約」的程序，遠雄哪裡是吃素的？若市府片面終止合約，則市府的責任不可謂不大，因此，遠雄的忌憚並沒有如市府評估得多，多半時間按兵不動，坐等市府的躁動。

三個月很快地一天過一天，過程中，市府在法務局長楊芳玲等人的籌備下，思考著後續的各種戰線，當中，就包括最重要的一環，即真的不得已與遠雄走到終止契約，大巨蛋後續要由誰接手，因為終止契約一但成真，則首先是一連串遠雄勢必提出的法律訴訟，接著就是巨蛋工地由誰接管的問題，台北市政府並沒有足夠的能量，來承攬還沒有完工的大巨蛋工程，更沒有能力營運蓋完後的整個大巨蛋園區，當中包含大巨蛋本體，以及影城、商場、旅館、辦公樓，共五棟超大量體。

依照大巨蛋BOT契約，終止契約後，其中一個選項，是由銀行團（融資機構）或第三方接手巨蛋。契約十九－四－二條規定，「乙方屆期（市府按工程慣例設下三個月時間）未改善或改善無效，甲方得通知融資機構暫時接管」。

因此，北市府自然地將巨蛋的銀行團成員們邀入市府會商，當時，包括兆豐、台銀、土銀等大銀行均表示，工程非銀行團專業，且銀行團也無接管工地的前例，拒絕接手，更不願淌政治渾水，二〇一六年四月，兆豐也再度主動跟市府詢問大巨蛋近況，但僅表達關心之意，拒絕接手的立場並無動搖，於此同時，市府幕僚也頻頻對外放話，諸如富邦、中信等有意接手，意圖施壓遠雄，意在搏得輿論上的勝勢，但經證實，企業根本不願也不敢接手淌政治混水，一切都是空穴來風。

時序來到九月份，柯文哲陷入長考，面對即將到來的九月八日「終止契約」前大限，柯文哲私下透露出因為巨蛋案睡不著覺的煩惱，這與柯平日大口吃飯、倒下便睡的外科醫師性格大不相同，可見，柯真正為了大巨蛋，輾轉反側，煩惱不已。

在議會接受質詢時，柯文哲不避諱地說出他的真實想法：「如果當初法務局長告訴我她要負責，我就解約了」、「大巨蛋不是我造成的，五大案也不是我造成的……」在開打五大案時毫不閃躲的柯文哲，此時卻有滿腹委屈似的。

北市府與遠雄於終止契約前的六日與七日這兩天，積極會面，商談讓雙方都下得了台，且大巨蛋也能「續建」的方案，最主要的關鍵，在於市長柯文哲力排眾議，堅持續蓋大巨蛋，還派他唯一能信任的貼身秘書蔡壁如親訪遠雄，表達柯文哲希望繼續蓋蛋的意思，而遠雄於當天下午一點半臨時發出四點召開記者會的採訪通知，也是再次為市府下台階鋪路。

二〇一六年九月六日上午，北市府與遠雄緊急見面，會商大巨蛋事宜，原本談得差不多有結果，決定朝續建方向進行，且遠雄也願意退讓，未料，遠雄於當天在與市府有默契下召開的記者會卻軟中帶硬，立場沒有移動，更沒有給市府台階下的意思，讓府方相當不滿，市府於當天晚間決定與遠雄翻臉，原本協議好往續蓋方向也破局。而記者隔天詢問遠雄發言人楊舜欽，市府與遠雄是否見面會商？楊罕見表達不能多透露之意。

七日上午，遠雄與市府兩方人馬又再次緊急見面商談，再度決議往續蓋的方向會商，雙方也有了續蓋的共識，而遠雄也是在與市府有默契下，決定於當天下午四點召開對外記者會，公布要呈送大巨蛋工程相關同意遵守事項給市府，表達軟化之意。

一年多來市府與遠雄爭吵遠多於溝通，且按市府開出的三個月截止時間，七日傍晚五點半以前，是遠雄最後公開表態與北市府續蓋誠意，以及做足給市府台

同 意 書

中華民國一〇五年九月七日

遠雄巨蛋事業股份有限公司（下稱遠雄巨蛋公司）茲就大巨蛋工程建造執照變更等相關事宜，同意遵守下列相關事項：

一、 遠雄巨蛋公司為回應台北市民對大巨蛋的期盼，就目前大巨蛋工程之現況，做出以下承諾，且將依相關法規積極配合完成以下程序：

1. 向台灣建築中心完成防火避難性能認可審查。
2. 向台北市政府都市發展局都市設計科送件完成法定程序。
3. 向台北市政府環境保護局綜合企劃科送件完成法定程序。
4. 儘速完成建造執照變更程序。

二、 遠雄巨蛋公司要求北市府承諾及協助、配合事項

1. 依興建營運契約規定履行相關聲明與承諾及協助事項。
2. 協助遠雄公司完成台灣建築中心之防火避難性能認可審查。
3. 協助遠雄公司完成建造執照變更相關手續。

遠雄巨蛋事業股份有限公司
代表人：
協談人：

台北市政府
代表人：
協談人：

（作者翻攝自北市府提供文件）

階下的機會，當天下午四點的記者會內容將決定北市府於明天是否召開終止契約記者會。

事實證明，當天遠雄確實與市府合意寫出了一份「同意書」，上面包含趙藤雄本人，及總經理湯佳峯的親信簽名，但柯文哲市府卻沒有一人敢簽名。

府內大巨蛋有關人士都清楚，這已是一場柯P個人與趙藤雄的政治戰爭、意氣之爭，柯P有非贏不可的理由，當沒有輸的理由時，柯文哲是一位會動用各種可能的政治手段，去完成「贏」的目的，這與柯文哲在台大醫院以救活人命為唯一導向的做事模式高度吻合。

最終，讓柯決定暫不終約的關鍵，恐怕還是終約後的一連串麻煩事。

府內推演，市府若是片面提出「終止契約」，必須找到將責任歸給遠雄的事由，否則將付出鉅額賠款，市議會是不願意埋單的。

因此，在推演過後，若有終約必要，市府將按照巨蛋BOT合約十九－三－三條「施工進度嚴重落後」、十九－三－四條「工程品質重大違失」，再加上十九－三－七條「缺失逾期（市府定三個月）未改善」為之，然而，遠雄勢必會提出不服市府片面終止契約，以此提出不服之仲裁或司法訴訟；事實上，遠雄反駁的理由也並非全無道理，因此，市府評估，爭訟一開打，便無回頭路，柯文哲競選二〇一八年市長，也注定與「無能解決大巨蛋」綁在一起。

不平等條約在先，訴訟無把握，更缺乏接手的財團奧援，成了柯文哲不敢「終止契約」的核心原因。

也因為這樣，初始柯文哲風光地大刀闊斧，揚言修理遠雄，卻因大刀舉得並無法律理由，師出無名，甚至要自己「製造」理由（自製七項安全基準，到了後期，市府已不再提起），且明顯帶有柯文哲個人的政治目的，讓柯市府在這場戰爭中，盡顯遍體鱗傷。

法治國家，即便是不合理的法律與合約，卻依舊要遵循的本質等特點，都讓柯文哲的怒氣無處發揮，流於口舌之爭，因此，全劇只見柯文哲想要「修理」遠雄的張狂肆虐，像個大孩子般嘔氣，想當個看似中立，實際上卻連出師正當性都無的判官，頻頻吃鱉，直到大巨蛋案的後期，才見柯文哲真正回歸無情緒的正規法律與行政手段處理，延攬正規律師團隊。

顯而易見地，身為政治素人的柯文哲，透過大巨案，讓他個人及團隊，經歷了許多與行政體制的深度磨合，過程中，因柯強烈的個人成見，與個人「感覺怪怪」的先見立場、衝動與直覺式的行為，而非全然以有憑據的不法事實作基礎，讓市府吃了不少虧，也讓台北市為此付出相當沉重的代價，包括市府為此付出的訴訟費用、整個行政團隊為了打柯P屬意的一場仗，而停擺的市政、消耗的眾多公務員精力、資源，當然，還有為期至少兩年以上，媒體與社會輿論頻繁地將版面與時間疊放在此的機會成本。

柯文哲終究在其中逐漸學到教訓，他開始明瞭，在市政面前，「個人」的態度與意見，該在法律與客觀事實之後；因此，在九月八日的一場市府召開的正式記者會上，柯文哲罕見說出了「依法行政、依約辦理」，熟悉柯文哲的人都知道，幕僚所寫的文稿只要與柯的認知不同，是很難把字塞進柯P嘴巴裡的，而這一句在外人看來本該如此的話，卻是柯文哲與遠雄對戰一年多後，才有所體悟並打從心裡認同的，因為他真的帶領北市府吃了太多虧，而且不可逆。

不過，相當有趣的是，以柯文哲獅子般的自我性格，還是不忘對自己開的戰場，最後卻導致不能如他意，抱怨兩聲，孩子氣盡顯。

這場記者會上，他說「大巨蛋問題的存在已久，大巨蛋蓋在那裏，引發交通問題的疑慮不是我們造成的；大巨蛋量體這麼大造成公安疑慮，不是我們造成的。過去臺北市政府花一百四十億購地，再以開發權利金零、營運權利金零，交給財團開發，也不是我們造成的；工期逾約每日罰五萬，最多三百萬，再來就沒有了，讓北市府處於絕對弱勢的合約，也不是我們造成的。但是我們面對各種的困難的問題，尤其是公共安全的問題積極處理，這是負責任的表現」，他有意為自己在大眾面前出口氣，也有意回應網友對他排山倒海不負責任的抨擊。

特別提及的是，因為柯市府開打的「大巨蛋案」，因此為市政府增加的訴訟數量至少七件，包括都發局兩件，分別為「不服都市審議及建照執照行政處分」、「勒令停工」；簽署合約的官方主體體育局兩件，分別為「移樹」的行政訴訟、「工期展延」仲裁；環保局「違反環評法遠雄遭裁處一百五十萬元」行政訴訟一件；文化局兩件，分別為民事「鍋爐房損害賠償」、刑事「建物毀損」……還有多起仲裁案，耗時、耗力，公帑也無可避免地持續流淌。

而上述並不包括遠雄針對柯文哲及都發局長林洲民「個人」所提的誹謗、毀損名譽等訴訟案，全數律師費，都由全台北市民埋單。柯文哲個人便因對趙藤雄逞口舌的「貪婪財團」、「一身酒氣」出言不遜，讓遠雄有機會提告求償，台北市庫因此花上二十三萬，作為替柯文哲辯護的律師費，包括一起民事的侵權行為損害賠償，及兩起刑事妨害名譽，但柯文哲並不認為該自行埋單，原因是法務局沒有要他埋單。

究竟大巨蛋在公安上有沒有問題，就連市政府都沒有絕對的判斷權力，社會通念認為唯一可裁決的公正第三方「司法」，是柯文哲到了大巨蛋案的末期，才認為應藉此昭公信的「工具」，而非本質想依靠司法定奪勝負，因為到了後期，市政府只能在拿到法院的判決後，才有理據依照判決行事。

因此，在司法上，柯文哲到了與遠雄對戰後期，才找來律師團打法律戰（前面更多傾向政治戰），由於訴訟種類繁多，因此，找來萬國、元貞、耀南等大型知名律師事務所，就行政訴訟、民事訴訟、刑事訴訟分批分類處理，在市府高層，也組一巨蛋應變小組，每週開會，一開始打政治戰的組織「廉政透明委員會」已實質退位，但曾調查此案的委員袁秀慧，已取代楊芳玲成為新任法務局長，參與每週開會，但並無實權……說到底，實質主持與引導巨蛋方向的，除了柯本人外，就只有在府內唯一能讓柯Ｐ信任的市長辦公室主任——蔡壁如。

大巨蛋案中的核心操盤手：蔡壁如

綜觀整起大巨蛋案，經手的人來來往往，從一開始，柯Ｐ責成副市長鄧家基處理，鄧與推薦其到市府的姚立明其妻——法務局長楊芳玲有密切的信任關係，互相合作，讓鄧對這個動輒觸法的大巨蛋，較能放心，但楊在二〇一六年九月因蕭曉玲案及與柯Ｐ的長期不合後，辭職離開市府，讓鄧也漸漸不願意擔任大巨蛋案檯面上的白手套，柯文哲轉交由民進黨籍的副市長陳景峻擔任檯面代表。

為什麼說是白手套呢？因為從頭至尾，大巨蛋中唯一能夠真正作決策的，除柯本人以外，就只有蔡壁如了，這也是柯文哲對他人普遍不信任的表現，並非如他口中所稱咎責時對事不對人，下屬也越發不敢決策。

二〇一六年九月五日，在雙邊有可能走向終止契約的九月八日大限前夕，為掩人耳目，遠雄的車輛緩緩駛入位在信義區的市政府大樓，接了蔡壁如上車後直奔遠雄大樓，這段路從市府走路過去只要三分鐘，為避人耳目，免遭外界密會抨擊，遠雄開車載著蔡壁如，繞行至少十分鐘才回到遠雄大樓談判，可見保密之嚴。蔡壁如在事件過後的二〇一七年十一月十六日，向我證實，九月五日確有與趙藤雄私下會面，蔡補了一句：「趙以老先生的角度對我講了很多話。」

在這場會面上，蔡與趙藤雄談判，趙藤雄採「哀兵策略」，趙說自己年紀大了，想留個名聲在台灣，兒子趙文嘉身體欠佳，將來遠雄集團是要給兒子的，他不想把爛攤留給兒子，也不希望將大巨蛋這個他想在台留名的作品，半路交到別人手中。

趙藤雄並不想放手大巨蛋，對趙來說，一個七十幾的老人家，需要的是留名於後，以及家人安康，故他並不打算放手巨蛋，透過溫情訴求，希望與市府和解，此舉正好打中蔡壁如的軟肋，「吃軟不吃硬」的蔡壁如與趙達成了和解共識。

不論鄧家基在事前與遠雄方的哪一位，見了多少次面，這場蔡與趙的大頭會議，才真正是市府不與遠雄終止契約的關鍵會議！

之所以會這樣說，是因早在蔡趙會前，九月五日當天早上八點半，由柯文哲親自召開的大巨蛋專案會議記錄，早已定案大巨蛋朝向「終止契約，重新開始」進行，但卻能因為蔡壁如與趙藤雄的一次會面，徹底更改了終約方向，顯然，蔡

9.5會議記錄，當中明白寫著全案預計105年9月8日上午9時召開記者會對外公開說明，定調為『終止契約，重新開始』，並請律師團、法務局、財政局、都發局、體育局、捷運局及環保局列席，相關法令依據應於事前備妥，以堅定、溫柔及理性之態度說明」（翻攝自北市府對外公開之會議文件）。

大巨蛋專案會議備忘錄

■ 會議時間：105年9月5日（星期一）8時30分

■ 會議地點：臺北市政府11樓準備室

■ 主持人：柯市長文哲

■ 出席人員：詳簽到表

■ 記錄：董晉曄

一、因遠雄巨蛋公司違反建築法等相關法令及施工進度嚴重落後等違約情事，如屆約定期限仍未改善完成，即依程序終止契約。

二、全案預計105年9月8日上午9時召開記者會對外公開說明，定調為「終止契約、重新開始」，並請律師團、法務局、財政局、都發局、體育局、捷運局及環保局列席，相關法令依據應於事前備妥，以堅定、溫柔及理性之態度說明。

三、如確定終止契約後，請與銀行團保持密切聯繫；另工地安全維護部分，依模擬情境預為因應，並請林副市長欽榮協助協調本府工程單位，務求無縫接軌。

散會（10時30分）

璧如才是真正能代表柯P決策的人！

就在這場九月五日的蔡、趙會面後，遠雄隨即於九月六日對外召開記者會有意放軟身段，看似有意和解，但「薑還是老的辣」，遠雄對外僅在態度上放軟，原有的堅持不變，包含認定市府自提的七項公安標準「於法無據」不變。

遠雄也不忘透過這場記者會公開抱屈，發言人楊舜欽提到，「趙董事長雖然仍以平常心看待，且已有充分的準備來面對挑戰，但同時也感概萬千，眼看著完工進度已超過八十%的大巨蛋，如果沒有遠雄團隊的繼續努力，要完成將是非常困難」；「如果柯市長為了這個理由要與遠雄終止契約，遠雄和趙董事長絕對無法接受，但身為市民及BOT契約夥伴，我們僅能尊重」。

果然，這次記者會後，讓市府認為遠雄沒有退讓的誠意，再度決定終止契約。

隔天九月七日，換遠雄赴北市府會面，雙方討論到遠雄對外發表一份「同意書」，市府還為趙藤雄訂了一份素食便當，隨後，遠雄團隊回到辦公室，幕僚將同意書稍稍就市府意見修改，下午就對外召開記者會公布內容，北市府也在有默契下，接連開記者會，宣示樂見遠雄的退讓，八日一早，市府也就順水推舟，由柯文哲親自召開不終止契約的記者會。

不過，遠雄畢竟不是好惹的，就在市府召開完「不終止契約」記者會後的下午，遠雄又對外擺明公開與市府硬幹起來，就連接手巨蛋的陳景峻，也私下對身邊人感嘆表示，「一看就知道被騙了」。

至此，市府已再無籌碼在媒體上喊話，因為好牌出盡，底線因無後援失守，市府一再給予遠雄機會，卻也一再自失立場、受騙，將市府的威信賠進去。有趣的是，九月五日蔡搭車與趙的關鍵見面，從不曾出現在市府對外公開的與遠雄見面的列表中，所謂的「公開透明」，也可從此看出其荒謬與欺騙。

至於柯文哲本人是如何看待這起驚險的互動？這裡有個小故事。

柯文哲不與遠雄就大巨蛋終止契約的關鍵互動

時間	關鍵事件
9/5 上午 0830	柯文哲主持律師團會議：定調「終止契約」
下午	蔡壁如與趙藤雄關鍵會面，地點：遠雄大樓
9/6 上午	市府與遠雄會面
下午	遠雄對外召開記者會，態度放軟，立場不變
傍晚 1700	柯文哲主持律師團會議：對遠雄的立場不滿，遠雄緊急表示願意退讓，府內告知應提送退讓說明書面文件
9/7 上午	遠雄赴北市府會面，討論遠雄即將對外發表的「同意書」
下午 1400	柯文哲主持府內會議：就遠雄所提同意書提修改意見，定調不終約
下午 1600	遠雄對外召開記者會：公布協商完成的「同意書」
9/8 上午	柯文哲親自召開記者會，公布不終止契約

作者王彥喬／採訪整理

在決定終約與否的前兩天，柯本人去找了他的心靈導師「星雲法師」，星雲告訴他「一切有為法，如夢幻泡影，如露亦如電，應作如是觀」。說完，大師似有意地問柯「那如果一切無為法呢？」這個問題，讓柯當場愣住，不知如何回答，星雲接著說：「那就做自己」。

於是，在大巨蛋案上，柯選擇的「做自己」的方式，是比照四大案，見好就收，不追究到底，因此，即便市府認為大巨蛋還有很多面向的問題，包含公安、移樹爭議、古蹟破壞、板南線捷運受影響，便再也沒有下文，近期的選舉期間，柯P再也不願意去提。

他在一次與友人談及與遠雄不終止契約的決定時，說出自己前段日子是「暴虎馮河，與遠雄比對撞的勇氣」，他為自己下了一個這段與遠雄對抗的小結：「不應該，也不可取」。

更進一步回頭來看，大巨蛋案起於政治幕僚想鬥爭前朝的私心，順著柯文哲剛當選時的自我感覺良好，讓柯以為可以在民氣可用下，拿著公平正義的大旗，頗有替天行道之氣勢。

未料，過程中，司法爭訟一件件突出，監察院糾正也接連介入，原本一起解決問題的幕僚、公務人員，漸漸離柯而去，要嘛不願幫忙，要嘛出力有限、陽奉陰違，柯在此間，更加對周邊人感到不信任，甚至一度疑神疑鬼，認為是否有遠雄奸細混在市府中，在人手不足的情況下，只好派出對巨蛋所知無多，但對他絕對忠誠的蔡壁如出手。

一位市長，帶不起自己的團隊，手邊「缺將」缺到凡事得自己的心腹來，讓柯文哲為此感到掙扎，更讓他在每個決策前，想到需要許多人手幫他貫徹，就裹足不前，深怕遭有心人從中作梗、拿好處。

加以柯文哲其實並非勇於擔責的人，他比誰都清楚自己在輿論中立足，非常怕影響民調，讓他在決策時總是搖擺，失去了許多最佳行動時機，搞不定對外關係，更致多次敗下陣來，大巨蛋一例即是鮮明的，在我長期而完整的觀察中，只見柯文哲必須得贏的權力傲慢，不見具有睿智的政事處理及有戰略步驟的領兵將帥。

後大巨蛋效應

大巨蛋案，許多人可能認為是一時的喧鬧，但顯然，後續負面效應接連到來。

首先，北市對外招標頻頻流標，至二〇一五年十一月份，已有多項柯市府的招商標案成效不佳，包括市議會舊址、中山創意園區案、台北流行音樂中心、忠孝橋引道拆除工程等，面臨多次無人投標而流標的情況，讓市府多次在高檔飯店舉辦招商說明會，柯Ｐ也多次親上火線，望說服廠商，但據觀察，雖吸引百來家廠商觀望、領標，投標者少之又少，終究是觀望多於信任。

業界聲音指出，普遍認為，柯文哲頻頻走訪業界，要與業界大老們交朋友，如拜會營建管理協會、長榮公司高層等，以「好朋友」名義相見，明顯要爭取認同，但又直搗與企業合作的ＢＯＴ（Build-Operate-Transfer）案，讓這些企業家們摸不清柯Ｐ骨子裡在想什麼，讓他們心裡「毛毛的」。

而在企業家們眼裡，柯文哲在大巨蛋案中，雖緊咬監察院糾正ＢＯＴ合約中的不合理處，訴求民氣可用，要與遠雄修約，遠雄到了後期，因與柯市府在檯面上與檯面下都鬧翻，自然不願意修改，結果卻遭柯文哲以「貪婪的財團」稱呼，企業形象更因柯文哲的口無遮攔，毀於一旦，這些都是讓來自各方的企業對柯市府開出的任一標案，望而怯步的根本原因。

早在柯文哲就任前，投標政府的案子對企業來說，本就具有門檻，先必須符合一大堆的法規，與公務員打交道更是綁手綁腳，還要經議會及媒體拿放大鏡檢視有無綁標、賄賂，自然沒有很高的意願淌混水，加上動輒被貼上弊案與圖利的標籤，工程往往因故停擺，對公司來說，沒有按照既定行程走，就容易造成公司財務上的周轉不靈，因此，賠掉一間公司跟全體員工的生計者，也是可能的，加以業界盛傳，公務標案早已綁給特定廠商，沒有門路的民間業者，自然不想去承攬公共工程標案。

也因此，柯文哲打擊五大案展現出對遠雄般企業的憎惡，透過政府的發言權及法規、行政機器圍剿，令業界同行高層看著，越發對標案縮手。

曾在一次偶然機會，與工程業界談及柯市府的五大案後續效應，有企業家告訴我，遠雄在業界的名聲本不佳，這一點大家心裡有數，但畢竟同為民間企業，與民間業者仍屬同一陣線，見到柯市府打擊的力道，不能苟同，更怕下一個就輪到自己，尤其在已訂定的契約之上，二度要求修改權利金，看在企業家眼裡，這可是會動搖企業生存的關鍵利潤，讓業界也不得不站在支持遠雄的立場，深怕「今天的遠雄，明日的自己」。

也就在這樣的社會氛圍下，柯市府的其他標案承攬狀況，著實不佳。市府對外召開多起招商說明會，我因多次與會與長期觀察，總能看到到場者踴躍，但投標稀落，觀望居多，公開場合仍與柯Ｐ握手寒暄，但回過頭直接私下向財政局反應，對柯Ｐ打財團很不以為然，不敢參加市府標案。果不其然，包括市議會舊址、中山創意園區案、台北流行音樂中心、忠孝橋引道拆除工程等，都面臨多次無人投標而流標的情況。

影響所及，根據《採購法》，標案要有三家以上合格廠商投標，方符合法規，否則就得重新開標。以「五大案」開打的二〇一五年來看，鉅額兩億元以上的工程及一億元以上的財務採購案，有六十一％的標案不足三家投標，導致流標；二〇一五年的小額（一百萬以下）標案中，更有驚人的八十四％投標家數不足三家流標；年度總計，有九千五百三十二件採購案，七十七％未達三家投標，來到二〇一六年，全府總計一萬兩千三百八十八件採購案，依舊有七十七％未達三家投標而流標。

這樣的數字，代表了民間企業對柯文哲領導市政府的不信任，不足三家流標以後的第二次開標，依法只要有一家廠商投標即可得標，這當中就暗藏了讓有心人「上下其手」的綁標空間，當第二次投標僅此一家來搶標時，市政府沒有不給該廠商承攬的理由，換言之，有更大的空間衍生圖利弊端，這些都是大巨蛋案後的效應，但柯文哲及市府團隊，從未選擇對外明說。

其次，大巨蛋案後，查「外商投資北市件數」，根據經濟部投審會資料，柯文哲上任前的郝龍斌市府時期，每年都維持兩千兩百到兩千四百件投資，二〇一一年兩千兩百五十四件、二〇一二年兩千四百一十三件、二〇一三年兩千兩百六十五件、二〇一四年兩千三百七十件，到了二〇一五年由柯文哲完全執政時期，瞬間掉出二字頭，來到一千九百二十二件，二〇一六年甚至掉到一千五百七十八件。

若從「外商投資金額」來看，二〇一三年為二五．七六億美元，二〇一四年來到四一．一七億美元，二〇一五年柯P執政，跌回二五．六八億，二〇一六年則因荷商MICRON TECHNOLOGY一口氣增資三三．三億美元，才讓當年的數字標升到六二．五七億，否則，扣掉這單一高投資金額，為二九．二七億。

這些無形的社會成本，台北市甚至全台灣都在承受著，不可逆，反映在我們的經濟成長上，但柯文哲從未承認，也並沒有做到他口中想與民眾政策溝通的目標，作為一位沒有包袱的市長，在此事上，公開透明及與市民溝通上雙雙失守，相當可惜。

大巨蛋案中的柯文哲功過

柯Ｐ的功：

一、為平靜無波的政壇與公務體系，激起水花，柯Ｐ視「官商勾結」極為厭惡，無形中讓檯面下的政商關係震盪。

二、在付出情緒代價後，讓柯文哲從根本上意識到「依法行政」的重要，個人的喜惡在日後處理大巨蛋議題時，開始有所收斂，卻也因柯意識到個人的報復心態、付出的代價太大，讓柯在日後的市政決策上，趨向保守，或有助於穩定市政運作。

三、在建築與工程界達到宣示不得違法的作用，即不要想得先得標，再來更改建築設計，並追加預算，揭開業界不按圖施工，再於申請使照時一次報竣的工程界陋習。

四、樹立較過去更為強硬的政府形象，讓外界意識到，不要想挑戰柯Ｐ意志。

柯Ｐ的過：

一、大巨蛋紛擾造成社會成本消耗，公務員因此耽誤處理其他政事的時間，都發局同仁多有離職者，其中一個科室在大巨蛋案期間，走了三分之二的同仁，加劇其他同仁的工作負擔。

二、走了一圈，還是回到繼續蓋的原點，大巨蛋鏽蝕及園區荒廢，以及因停工造成的成本消耗。

三、在決策時，柯Ｐ有太多個人情緒與觀感，要法律人配合他的意志。

四、柯文哲缺乏作決策時的應有擔當，一再拖延續蓋與否的決策時間，懸宕市政期程。

五、後大巨蛋效應持續至少兩年，任內標案流標或投標家數不足者多，更易衍生圖利弊端。

六、公開與遠雄叫囂「貪婪財團」、「一身酒氣」，柯文哲個人就讓全民為他的口無遮攔埋單二十三萬律師辯護費。

七、選前給了民眾對其「公開透明」的高度期待，卻在巨蛋案中，多次遭爆私會遠雄，公開透明落空。

八、用人不當。幕僚給予的打擊巨蛋建議，柯照案接收，事後幕僚紛紛棄船，柯就此孤立無援，甚至傳出幕僚居中向遠雄索賄得逞。

九、開啟政府與民間ＢＯＴ互動惡例。柯市府時而站在公權力的一方，時而以合約中的協力甲方自居，角色在兩者間游走，讓未來潛在與政府合作的民間企業對政府角色產生認知混淆與極大的不信任。

4

市長第一任期最痛恨的台北非法工業宅、商業宅、違建

「上任至今，最痛恨的是內湖怎麼會有那麼多工業宅、夾層屋？因為『有關係的就沒關係，沒關係的就有關係』。」

——柯文哲　二〇一七年六月十一

「大彎北（商業宅）是台灣政治的污點。」

——柯文哲　二〇一七年十月

一次偶然的機會遇到柯文哲，他開始跟我談起他最痛恨的內湖科技園區情況。

那麼，柯文哲是如何解決這些他「最痛恨」的問題呢？二〇一五年才剛上任，柯文哲親訪大彎北段的違法商業宅區，當時就驚動民進黨大老，詢問柯，「這是在幹嘛？」

「我要解決像內湖這樣的五千戶商業宅、工業宅、夾層屋；要問的是，現在是為什麼會出現這個？」講著講著，柯文哲就禁不住地脫口「有內湖（的違法宅）才有大巨蛋，遠雄如果不是在內湖能蓋四十一棟的工業宅，他哪有辦法蓋大巨蛋？」

長期以來，政府不同單位之間「分工不合作」的事情沒有少，民間看準法規的「三不管地帶」，加上貪利，以致出現台北市中山區的大彎北段（大直、明水路、敬業路一帶）的商業娛樂區，明目張膽違法作住宅區使用；在內湖五期區域，也有至少五百戶作為違法商業宅；工業宅更是在內湖區遍地開花，根據北市府資料，多家赫赫有名的建商名列其中，包括興富發、遠雄、忠泰、新潤、兆鑫、維多利亞建設等。

「台灣政治的污點」——是柯文哲做的最直白的詮釋。

由於台北市的房價高，商業區與工業區的房屋空間因是商辦與工廠性質，價格較住宅區低得多，建商買地蓋樓的成本也低，由此衍生了建商以低價購地後蓋樓，再以低價賣給民眾作非法住宅使用，產生獲利空間，建商只要與居民的居家二次施工切割，就能避開法律責任。

現下，若經人檢舉，由於都發局沒有法規可入居所內查看，住戶也往往會以居住隱私、不得侵入民宅為由，規避稽查，讓工業宅、商業宅巧妙躲開公權力法眼，因此，形成政府發給使照後，一切就都失控的狀態。簡言之，在不該「住」人的地方，卻住了大批的人，違反都市土地使用分區的本意。

這是台北市長年的老問題，都發局公務員雖清楚知道有此違法事實存在，但依法才能行事，嚴格說來，沒有違法失職處，建商依利而生，住戶買便宜的房舍，讓大彎北地區出現大批違法者，形成沒有人可以被咎責，卻人人都是「共犯」的詭異現象。

柯文哲知此，有意整飭，依照柯文哲的性格，他喜歡挑戰，越是前朝不敢碰的東西，他越是希望在這個領域得分，就像他在台大醫院時，以外科醫師角度，插手開設內科的「急診後送病房」。因此，相比於前朝市長，在這個議題上，柯文哲相對沒有政治包袱，更敢於觸碰難解的陳年舊疾。

依著前朝的處理方式，柯市府繼續對建商們的違法提告，依照內政部函示，開罰建商違法建住宅，卻獲得建商紛紛回告政府，一時間，光是工業宅的處理，都發局又多了十個訴訟。

在訴訟辯論中，違法的建商聲稱，房屋移交給所有權人後，住戶聯合委託二次裝修大樓內的公共設施，建商只是裝修的「受託人」，政府應依《建築法》開罰所有權人，換言之，建商認為，他們只是被委託進行內部裝修者，市府應該開罰住戶，基此，市府打算聯合住戶，透過住戶們「被建商騙」的說法，證明是建商違法，合理化政府開罰建商，增加勝訟機會。

但當北市府嘗試串聯住戶時，卻得不到住戶的回音，原來，建商的法律團隊早已防範違法在先！

在出售房屋時，就先要求購屋人簽署知情所購為「工業宅」或「商業宅」的切結書，因此，當市府找上住戶，希望協助證明住戶是受騙者及建商的違法事實時，住戶紛紛走避、不願作證，深怕自己捲入違法的危險中，市府當然也就拿不到住戶被騙的證據，讓市府在與建商的法庭纏鬥中，失去有力後盾。

果不其然，明明是建商違法，市府被回告的工業宅訴訟，竟全數敗訴，不但得回吐建商已經繳交的違法納金三千一百八十萬，建商還能逍遙在外，有恃無恐地不必改善違法宅現況，而市府能使用的工具竟只剩下《行政執行法》中每三個月才能再處以一次的「怠金」，每次三十萬，對建商來說，根本不痛不養，柯文哲沒輒，僅能以「恐龍法官」對外稱呼這樣的敗訴，但在改善一事上，也可說，就此停擺，無更近一步的治理進展，更別說以立法來根本上杜絕此違法現象繼續發生。

「我要解決的是，為什麼在內湖會出現五千戶以上的工業宅、商業宅加上夾層屋？」但顯然，柯文哲主政下的違法宅治理，並沒有實質突破性的進展。

大彎北商業宅治理

中山區大彎北段的商業宅問題，有其複雜性，是另一個在台北市幾十年的老問題，對柯市府而言，雖敢於觸碰，卻也只做到了表面合法，沒有根本性的治理。

大彎北段因其商業與娛樂區土地分區規劃，不得作為住宅，但長期以來，建商與居民共同塑造的違法居住環境，市府因沒法統計究竟有多少戶，而無從管理。

二〇一五年，柯文哲當上台北市長後，「突襲」前往位在中山區大直、明水路一帶的房舍，俗稱「大彎北段」，視察當地的商業宅違規情形，沒想到異常地嚴重，讓柯Ｐ相當驚訝與不滿，蔡壁如當時接獲許多居民打電話詢問「你們是要幹嘛？」深怕以柯文哲的跳 tone，開刀商業宅，施壓者，包括政壇綠營大老，有前藍營大老也用親友的名字，在該處置產六戶，但市府在二〇一五年，始終沒有動刀，而是在做動刀前的準備工作。

二〇一六年八月份，監察院糾正北市府在大彎北段的處理上「坐視、縱容」以後，過了一年多的時間，柯文哲面對壓力，不是沒有妥協，但他同時需要更多的支持力量，包含自己的忍無可忍以及外部的監察院的力量，才願出手，這時的監察院就可謂他統一戰線的盟友，給他最後一股動員力量。

柯文哲為了大彎北的開罰問題，在內部與專業技術公務員開了三次專案會議，原依法僅能開罰五到十萬，柯文哲在內部會議中，要求「加重」罰款，後公務員配合找到能以《都市計畫法》七十九條加重開罰到六到三十萬元，柯文哲拍板，依此進行裁罰基準的報府知會、法規委員會、公告程序等，後就此執行。

為了掌握究竟在大彎北地區有多少違規做住宅使用的商業宅，稅捐處原不願交出稅籍資料，怕觸法，在柯文哲的一聲痛罵下，原稅捐處長退休，新任處長上台，交出以該地區自主申報的稅籍資料，以此供都發局查核哪些違規做住宅使用。

後得出，在四千戶的大彎北地區，共有至少一千六百七十八戶作為住宅使用，他們申報住宅用的房屋稅率（一．二％—三．六％）。且根據市府比對資料，一千六百七十八戶中，在台灣擁有兩戶以上房產者，就佔千戶，而全台僅唯一一戶，且就是商業宅者，僅兩百六十九戶，顯見在大彎北購屋者，有一定經濟實力者，占多數。

市府發函給違法住戶，要求更改為商業使用的房屋稅率，換言之，民眾需要補齊商業使用的手續，包含做營業登記，日後也需要繳交營收證明等文件。

但平白無故，怎麼讓居民生出營業證明？財政局出點子，以其所屬稅處，不到場「核實」作為方法，此舉形同政府眼不見為淨，僅在形式書面上，讓他「看起來」合法，稅務上也導正，但實質上仍作違法住宅使用。近來，雖研議以回饋金的機制讓居民繳回不法所得，但是否有魄力落實，還有很大的觀察空間。

此舉代表了柯文哲終究還是在這個問題上妥協，沒有大刀闊斧地根本矯治這群長期違法且占便宜的住戶，透過執行細節的放寬，柯市府對當地長期違法使用的住戶「睜一隻眼、閉一隻眼」。

財政局也證實，稅處絕對不會到現場「核實」勘查，只採「書面形式審」，換言之，就算民眾依舊違法作為商業宅使用，沒有任何改變，市府也不會強制他們將空間改為營業或空屋使用。

大彎北的違規使用在媒體上掀起大浪，眾所注目，也遭監察院糾正，稱「市府長期消極放任，坐視縱容」，柯市府也以「專案」處理，若此時市府高層仍刻意選擇不聞問改善是否為真，甚至命公務員刻意不查，此舉，財政局就恐違反《刑法》兩百一十四條的「明知為不實之事項，而使公務員登載於職務上所掌之公文書」，遭處三年以下有期徒刑，而稅處人員也恐因服從財政局高層命令，觸犯《刑法》兩百一十三條，處一年以上七年以下有期徒刑。

此外，因財政局已確定稅處人員不會到場核實，變向引誘大彎北地區民眾，可用偽造出的營業有關文件，向市府申請改變稅種，反正市府已確定不查，也跟著做表面工夫，或以空殼公司掩耳盜鈴，此舉則民眾會觸犯《稅籍登記原則》第十一條「偽造、變造文書」，後續，公務機關眼見沒有確實改善，又睜眼閉眼，顯然也會有「怠惰」等相關責任。

在這件事情上，柯市府顯然要公務員遊走法律邊緣，以對他們具有人身危機的方式處理，讓依法行事的稅捐處公務員感到相當不妥，有關人員也私下表示，被要求配合高層執意的做法，壓力真的很大。

柯文哲痛恨公務員的「分工不合作」，雖有勇氣動刀前朝不願碰的舊案，但顯然，最後在解決問題的時候，仍利用了他痛很的這項公務員只管自己份內事的特質解套，使得表面看起來是裁罰，實際上卻無根本性地改善，遑論從源頭法制面，杜絕此問題。

台北市的十萬違建：

「北市違章建築兩萬多戶？整個國家睜眼說瞎話！」

——柯文哲　二〇一七

「全台北市最大的違建是台北市政府，有預算、有驗收，沒有使用執照，這是在衝蝦？」

——柯文哲　二〇一七

柯文哲的氣憤，不是沒有道理。事實上，台北市真正的違建數量高達十萬件，重則頂樓加蓋、陽台外推，輕者鐵窗超規格、欄杆超標。

違建，是身為一位政治人物最感棘手的市政毒瘤，牽動人數及範圍之廣，是每一任台北市長都想處理，但都不敢處理的，即便上任後，像風一樣雷厲風行橫掃北市府公務員風氣的前市長陳水扁，也以畫下一道「特赦線」對外交代，並於當時將特赦線入法《台北市違章建築處理規則》，明定民國八十四年以前的違建「緩拆」，但行家都知道，基本上等於「不拆」。

柯文哲在二〇一七年十二月六日，八德路民宅違法隔間及違建大火釀一死後

的第一天，宣布要廢除阿扁的違建「特赦線」，這句話聽來很有魄力，也給外界對他願意打破前朝舊規按讚聲。然而，經查，這從頭到尾都是假議題，因為早已入法的「扁規」，柯文哲並不打算透過內部程序修法，因此，在實務上，公務員還是只能依法行事，對小市民沒有任何改變。

在柯P宣布廢除阿扁違建「特赦線」的第一時間，建管處人員私下坦言，市長最近根本沒有談到廢「扁規」的事情，更不要說修法，建管處一早看了柯文哲對外發布的新聞才知道有此事，對於什麼叫做廢「扁線」，對第一線查報拆除及負責單位的影響為何，建管處同仁沒有收到府級的告知，可說對此政策的落實，一頭霧水，換言之，是柯文哲順著民眾的期待，趕緊在媒體面前喊出，是政治公關操作下的結果。

在《台北市違章建築處理規則》中，對扁線的具體規範是：八十三年十二月三十一日以前的違建列為「既存違建」，既存違建若非有重大公安疑慮，得以緩拆，如此給了民眾更多保留既存違建的空間，八十四年後的違建，稱「新違建」，採即報即拆，不過，受限於拆除隊人員數及能量，怎麼排法，了解運作的人，就有做手腳的空間了，比較「有關係」的民眾，就能找到「沒關係」的辦法。

比方說，民眾之間都會流傳著哪些議員可以幫忙疏通違建，有的議員靠此「賺錢」選舉，收取手續費，而不願意協助疏通的議員，也會基於同選區的其他議員都有幫忙協調，在競爭壓力下，不得不加入此項選民服務的行列，這就是台灣當前的政治事實，即便是首都，也是如此。

民眾透過議員召開協調（會勘），得以拖延拆除的時間，在郝龍斌時期，就立下了這麼一個行政命令，即每位議員最多申請協調或會勘，各一次為限，且需要有白紙黑字的公文書送達市政府，此外，八十三年以後的新違建，根據該自治規則明文，「一律不接受協調（會勘）並逕行拆除」。

不過，長年下來，議員們並沒有遵循此行政命令，不分黨派議員，不分新舊違建，依舊讓違建得以協調、再協調，會勘、再會勘，讓公務員疲於奔命地處理明知不合法卻不能拆的違建，涉及公安問題的違建，一次又一事釀成人命悲劇，成歷史共業。

柯文哲對此問題相當明瞭，也知道是市政府與議員間長期的共業問題，非一夕間可以解決，但面對媒體提問議員關說違建的問題，柯文哲卻表示，「有的時候……哪裡是兩次？如果兩次就可以處理，那有什麼困難？常常（議員協調）十幾次的都有……」柯文哲顯得語塞，不過，顯然知情議員在違建上扮演的關鍵角色，他不願與議員對衝。

媒體追問，要不要重定議員協調的標準？「我們覺得兩次也是給大家一個緩衝期」，他也點出問題，「其實倒不是法律沒有，只是我們自己行政部門執法的決心不夠強。」他為郝龍斌的這道行政命令存在的必要性緩夾，換個角度說，柯P並無意處理議員關說違建的問題。

「行政部門執法的決心不夠強」柯文哲說，相當明瞭地，柯文哲有相當清楚的問題意識，在處理違建的議題上，他知道「首長的魄力」是主要的關鍵，因為只有長官挺不挺拆除違建執行者的問題，尺子一量，超標違法與否一清二楚，沒有該拆或不該拆的問題，長年下來，公務員也都知道，違建涉及的是政治人物的政治生命，是否是違建，標準清清楚楚，拆或不拆，從來都沒有模糊空間。

若真要說柯文哲在違建處理上的貢獻，像是「二二六專案」、「二〇〇八頂樓專案」、學校周邊違建處理，以及讓隨處可見的頂樓加蓋必須加裝防火警報器等專案等，柯市府新規訂定，二〇一五年九月一日以後買賣的房子，拿到使照、買賣前，要先委由建築師出具無違建證明，不能造假，相關規範在《台北市政府遏止新增違章建築處理措施》中，此舉確實有助於減少違建的新生，但柯文哲也清楚，這只是極為微小的防堵，每天、每月、每年，台北市依舊陸續出現一件件不受規範的違建。

從違建處理中可看出，即便柯文哲有清楚的問題意識，也懂得違建問題引發的火燒屋人命意外，社會也形成強烈的「挺拆」輿論，柯文哲卻僅在媒體上表現出「魄力」，實際上，依舊不願大刀闊斧，不敢就議員關說處理、不敢實質修改並廢除八十四年以前違建不處理的法規。

二〇一七年底，柯文哲一邊喊出廢除「阿扁特赦線」，一邊卻不願修法時，正值議會審議他的二〇一八年市政總預算期間，隔一年，是他爭取二〇一八市長連任的大選年。

政治角力與選舉下的妥協、議會中的牛鬼蛇神及選民壓力，柯文哲可說是深度體會了，時間，讓柯 P 越加融入政治，卻也日漸雕塑出一個對改革越多包袱的柯 P。

從各種「違法宅」看市政府的「分工不合作」及柯 P 應對

大彎北段違法宅問題的叢生，是標準的公務員「分工不合作」個案，在柯文哲看來，都發局與税處長期不合作，明明能以税的勾稽技巧，達到抓出非法使用土地還投機繳低税率的人，但長期以來，税處本位主義不願提供資料，讓柯文哲在會上大罵處長，該處長隨後退休，由新任處長上任提供税籍勾稽，才掘出執法必須的有關資料。

市政府內類似分工不合作案例相當多，比方説，明明是違建，卻依舊遭税處課以房屋税及商業税，因為税處不在乎房屋是否合法，只在乎沒有税損，並非站在市府一體的角度來審視政府施政，往往令繳税的違建住戶在拆除大隊來敲門時，被弄的一頭霧水，痛批市府錯亂。

相關分工不合作的案例還包括，二〇〇九年以後，中央將營利事業登記改為商業登記，為便民及加速流程，鬆綁相關規定，商業處在核給商業登記時，人員並不會到現地查核是否真的作為商業使用，只會以民眾提供的地址跟電腦比對使用分區，此時，就出現了許多民眾的商登地址與實際營業地址不符，以致小市民大把銀子裝潢完畢後，才被檢舉違反土地使用分區，必須拆除，欲哭無淚不説，對公權力也造成嚴重的侵蝕。

台大「中國新歌聲」事件的承包商幕婕塔公司，於出事後，遭媒體發現營登地址竟是毫無關聯的「藥局」，就是這種情況的真實縮影，突顯了都發單位與商業登記單位之間，只有「分工」，卻「不合作」，於是，中間出現了三不管地帶。

就商業宅、工業宅及違建的處理，我曾與柯 P 有一次對話，柯文哲當下告訴我，大彎北商業宅的問題已經無解了，他認為，改變要從「文化」開始。

「健保法四十四條規定，台灣要落實家醫制度，分級跟轉診，但卻從來沒有實施過，所以國家公布的法律從公布到修正，中間從來沒有實施過，那公布是在衝蝦（台語）？」柯 P 對此氣憤難耐地脫口而出，蔡壁如在一旁緩夾。

八萬公務員要怎麼扭轉企業文化？「企業文化要從十一樓（市長室）開始一直改」，他說，自己來了市政府以後，他感受已經改很多了，現在公務員會舉手了；他舉例，一次他問局處首長，「oBike 將會幹掉 YouBike，不反對的舉手？」交通局全部舉手！他特別強調，前面有一排媒體攝影機直盯著首長們，他認為，這就是講真話的開始！也是企業文化有了進展的開始！

柯文哲進一步跟我「宣導」他的理念，「正直誠信」是他認為一個團隊最重要的優良特質，「沒有這個叫做共犯結構，大家不講實話，就不要來開會，報告就不用寫了。」

然而，那一年，他領導的市府同仁中，對「正直誠信」的認知，卻較前一年呈現大幅下滑。關鍵在於，柯文哲在許多市政議題上，並沒有帶頭表現出「正直誠信」該有的樣子，甚至帶頭造假。

舉例，在社子島開發案中，柯文哲選前誓言處理該問題，選後，決定以i-Voting的方式讓在地民眾自行投票。

一場i-Voting的前置內部會議上，柯文哲張狂地直接在會上要求同仁，在「運河社子島」、「生態社子島」、「咱ㄟ社子島」三個供開發的投票選項中，就是要讓「生態社子島」成為最終投票的結果。

為了達到這個目的，北市府製作的宣傳海報上，生態島選項被示意性地蓋上投票章，居民手機還能收到票投生態社子島的催票通知，不僅如此，同仁還為此設立票數的後台監控系統，投票期間內，就要持續監看是否「生態社子島」得票數保持領先，為的都是要達到柯P的唯一目標，在會上看不下去而阻止柯P的局處長，還因此遭柯P當場回擊「別管！不是你的事」，令與會者們相當詫異。

顯然，柯P對團隊「正直誠信」的期待，與團隊成員的認知有不小的落差，柯自認團隊中最重要的非「正直誠信」莫屬，但並沒有同時成為團隊成員腦中的第一精神，甚至排名走下坡。

柯文哲主政下的市府同仁，自認什麼價值最重要？

	2016-5	2016-11	2017-03
正直誠信	22%	40%	26%
開放共享	10%	10%	17%
創新卓越	9%	10%	11%
團隊合作	58%	40%	45%

資料來源：柯文哲於 2017/4/9 新新聞 30 週年慶場合公開演講簡報

違建、商業宅、工業宅都是台北市歷任市長的歷史共業，也可說，是扁、馬、郝不願意處理下的共犯結構，是前幾任市長長期蒙著頭、避而不見的結果。

柯文哲有心整飭，但從績效來說，並沒有根本性的突破，不但現有情況僅有限度的導正，該被從源解決的法律制度化作為，也沒有在柯文哲主導的台北市落實，從源頭將問題杜絕未成，因此，一點都不奇怪的是，柯文哲經手後的台北市，違建、工業宅、商業宅等違法宅問題，還是會有新案繼續衍生，也該持續祈禱不再發生違建叢生下的人命悲劇。

5

柯P用人術與流浪狗團隊的殞落

柯文哲從二〇一四年開始，就經常自豪，麾下收留的是「流浪狗團隊」，所謂流浪狗，往往就是在各黨內不受重視、不得寵，或無黨派但有意從政者，他們往往為了在政治路上找一條路，眼見柯文哲可能是個未來之星，而找上他，柯Ｐ本是獨身一人，來者不拒，而當這些人離開時，柯倒也不認為欠這些人恩情，甚至不認為需要給予好顏色，保留未來合作的後路，相當有趣的是，柯Ｐ待人的實際作為，與他所說「朋友多多的，敵人少少的」有不小的差距。

柯文哲的流浪狗團隊受到民進黨禮讓參選因素，主要由綠營人士組成，由於柯Ｐ為阿扁二〇〇〇年競選總統時的台大醫院後援會總會長，負責台大醫院的組織動員工作，加上，是阿扁的醫療團隊醫師，因此，曾助扁在「牽手護台灣」及扁帽操盤的政治幕僚張益贍，就成為牽線綠營與柯文哲中間的一號人物，而時張益贍任職辦公室的立委林世嘉，也是柯文哲幕後團隊的助推手。

團隊在透過民進黨人士幫柯Ｐ一個拉一個讓柯認識後，很自然地形成了一個幹部團體，包含時任柯辦黨政平台秘書長李應元、政策總監張景森、組織群總幹事林宜正、顧問洪智坤、新聞部主任林鶴明、文宣部主任李厚慶、輿情部主任李冠毅等人，選後僅林鶴明、張益贍、洪智坤繼續在市府內保有位子，其餘多回歸民進黨大家庭懷抱，而在柯Ｐ執政不久，林鶴明也因與蔡壁如的衝突，回到綠營，任小英的總統府發言人，張益贍及洪智坤也因事遭拔除顧問位，洪除少數議題會接受柯P諮詢外，其餘時候不太聯繫，張則被柯派到文化基金會任副手，但經常可見其遊走在市長室周邊，穿針引線兼喬事。

因此，可以說，當初那些在選舉期間助柯P上位者，多半是以打敗國民黨、拿下首都的目的而來，待完成任務後，依舊希望回到民進黨大家庭的懷抱，回到政治奶水真正豐厚的地方。但事實上，這些人在選前就多少看到了柯P性格上不易長期相處的特質。

能擔任局處長者，都是各自領域的佼佼者，也都有一定的職場歷練，在專業上，都是夠成熟的人，因此，最終會不得已走到離開柯市府、鬧上新聞，一定都是對柯市府忍無可忍後做出的決定，而柯P雖表面上說，不會趕人走，但在實務上，府內總能塑造出讓你不得不離開的氛圍，屆時，自提離職。

但柯P很清楚、甚至得意的是，是他「開除」了他們，不惜在媒體上公開宣揚，從這一點，可以看出柯P待人不夠厚道且不給人留餘地，是他人際相處上的極大缺陷，也是造成他即便執政四年，不論是政治或市政團隊，都無法累積人脈、人際關係反而越做越小，甚至反過頭來因團隊力量不足而侵蝕他的市政成績。

舉例來說，最早離職的一批，包括副市長周麗芳、文化局長倪重華，這兩人被柯P認為沒有能力應付媒體、議會的批評，不夠格擔任要職，而柯P甚少被外界知道的是，他時常性地展現極為幼稚的一面，像個「小孩子」討厭隔壁鄰居家拿自己玩具的小孩一樣，周甚至讓柯P用「討厭」二字來形容，至於柯跟倪，因早些時候有交情，倪又是前競選總幹事姚立明推薦的人馬，柯自然在嘴巴上多些柔軟，還說離開後還是會向他請益，公開稱他「沒有離開我們」。

然而，兩人離職後，柯文哲在接受《風傳媒》一次專訪時，談到首長離職潮，他脫口，「我再開除幾個局長，大家慢慢就會改善了，自從開除兩個（周麗芳、倪重華）以後，現在突然就很想開除人」。

即便周、倪兩人都已公開對外說是「生涯規劃」的考量離職，但柯還是不忘以公開地「羞辱」方式，公然為他倆的離去背影抹上一筆黑，後續離職者也多遭貼上負面標籤，非善待曾助自己將市政往前推進屬下的心態，在那次我也在場的專訪中，毫不保留地展現了他的孤傲自賞、洋洋得意，從這樣的細節，或能得知一個人的品德，若換成你我，恐怕再也不願意跟這位到了最後關頭，還要公開吃自己豆腐的前長官接觸吧！對人「免洗筷式」的思維，也釀成他日後無法獲得這些人的向心幫助。

柯文哲到了上任第二年的二〇一六年中旬，人才庫已顯乾枯，這時候，已經有十六位局處首長自行或被迫離職，兩位政治幕僚去職，二〇一七年三月份，來到十八位首長去職，但此時的柯團隊，依舊想著大規模「重組小內閣」一事，希望換掉「戰力不夠」的局處長。

面對媒體公開詢問人事流動頻繁的原因，柯文哲表示，政務官本來就是來來去去，郝龍斌也是四年換了二十四個局長，顯然，柯認為無所謂，推託之辭還顯得「理所當然」，到了二〇一七年，隨著具有指標意義的觀傳局長簡余晏去職，三年時間，柯市府就有二十三位首長去職，若柯要跟郝龍斌比，也算不相上下，不過，在柯P的《光榮城市》新書中是這樣解釋的，他稱流動率並沒有比較高，「我們需要的是一批有光榮感、有使命感的人」。

局處長間或有與柯不合者，但隱藏在柯文哲的觀念裡面的，是對於人的不甚珍惜與用完則丟思維。

在所有的一級首長中，最經典的離職個案，也是最能從中看到柯P本質問題的，要數兩位，一位是法務局長楊芳玲，另一位是秘書長蘇麗瓊。

楊芳玲是德國畢勒菲德（Bielefeld）大學法學博士，是位專業的法律人，楊受命擔任法務局長，出現在姚立明在勝選那天向柯Ｐ請辭、交出所有選舉資料之後，對柯Ｐ來說，酬庸當然是他回饋人的方式，但若姚本人無意入府，則嘉惠其枕邊人，是柯選擇的替代方式。

不過，楊芳玲自陳，在任職前，與柯Ｐ有一場對話。在這場對話中，楊對柯Ｐ的邀請提出「why me?」柯文哲回以「妳有專業」，楊再問「可是我沒有行政經驗」，柯又回以「我不要官僚」，因此，楊芳玲事後表示，上任局長後，一直以「要專業，不要官僚」自許。

但柯文哲是位求快的長官，很多時候甚至會為了效率，不顧法律。因此，在柯文哲拼了命的往前衝，楊芳玲又要守住法律界線，不准柯Ｐ逾越時，兩造難免產生諸多不愉快，楊芳玲也自認成了柯文哲快要磨破的煞車皮。

事實上，柯文哲團隊在開打「五大案」時，對楊就有不滿。當時，柯文哲希望府內砲口一致，對抗五大財團，但楊對外卻說「四大案（美河市、松菸、三創、雙子星案）合法不合理」、「巨蛋案合約本身合法沒問題」，讓府內認為，楊在政治上，沒有基調一致，但對楊來說，這是她的法律專業，市長是因為她的專業才任用，她根據專業回答外界疑慮，沒有問題。

而也由於大巨蛋案上，柯文哲在因「快人快語」，罵趙藤雄「一身酒氣」、「貪婪的財團」、「奸商」等，被告一起民事的侵權行為損害賠償八萬元、兩起刑事妨害名譽，各花費七萬與八萬律師費用，共二十三萬，柯P有意全由市庫支出。當時，楊芳玲也對柯P踩剎車，告訴柯，願意幫忙找很厲害的律師辯護，但這筆費用應該由市長自己出，此建議明顯引起柯P的不耐。

後新任局長袁秀慧上台後，果真也沒上簽要市長自己出，柯文哲倒也厚臉皮地順水推舟，公開對媒體說「如果簽上來說不用市長出，市長也不會出啊！」「對我來講，我也不會跟你計較這個錢」，讓在場記者聽不下去……一位擁有六千五百萬房產、兩千多萬現金存款的市長，卻不肯為自己的口無遮攔負責，由此可見，即便是二十三萬的小錢，柯也要圖公家資源，更突顯柯P敢說卻不敢負責的潛在心態。

此外，柯文哲有意透過恢復遭前市長郝龍斌疑似因「一綱多本」而去職的中山國中蕭曉玲教職，拿下「轉型正義」的美名。但楊認為，要恢復蕭職，必須提出法律理由，因為當初蕭離開時，是透過公家機關逐級的評議程序，是程序完善下解職的，現在不能說復職就復職，在法律這關上過不了。

因此，楊要求教育局給出法律理由，但教育局公務員是市府內堪稱最保守的官僚們，是當時做成撤職決議的單位之一，怎麼可能會承認過去決策的錯誤，只為了遂行柯Ｐ的政治目的？

最後結果是，教育局沒有給出法律理由，讓柯Ｐ對沒法成就這件事感到很不耐，轉而將氣出在楊身上，楊看來也不是好惹的，耿直回以「這個文沒有法律理由，你要簽，你就要負責！」為此，還有人打給姚立明告狀「尊夫人在擋」。

楊作為法律上的專業者，對許多事情認為應盡到法律把關的責任。像是柯文哲想用監視器抓違規停車，但監視器在設置時的法規上，並沒有賦予抓違停的任務，此舉形同沒有法律授權下的行為，基於對民眾隱私的最小侵害原則，警方是不得隨意調閱監視器畫面的，法律人認為需修法賦權，但在柯文哲的邏輯中認為，法律沒有明文規定不行，就是可以！是公務員「腦袋裝大便」才會說不行。

另，楊芳玲也是位高標準要求的人，在凶宅治理上，她認為都發局應主動揭露讓外界知悉，但都發局不願意。這些，都一次又一次地戳起楊芳玲與柯文哲間的摩擦，說白了，就是一位習慣了加護病房眾人唯他口令是從的柯文哲，受不了法律人的囉囉唆唆、龜龜毛毛。

柯與楊的這些摩擦，對柯來說，都只是公領域的不順遂，眨眨眼睛、睡一覺，就忍過去了，真的讓柯文哲回到家還會忍無可忍的，是楊不願配合柯命，更換大巨蛋案主任仲裁人，柯文哲甚至動用外力，對楊芳玲進行威逼，楊也是尊嚴不容他人踐踏的人，當天傍晚便提辭職。

事情是這樣的，時大巨蛋工期能否展延，正進入遠雄與市府兩方對峙的時期，透過「仲裁」的模式來判定可否展延。所謂仲裁，是由遠雄與市府兩方，各任命一位仲裁人，再共推一位主任仲裁人，由三人決定是否給予工期展延，這是明白規範在大巨蛋BOT契約中的爭議調解模式，換言之，「仲裁」避免了法官非黑即白的判決，讓契約中的兩方可以由專業的人去「喬」出一個雙方都可以接受的方案。

時柯P欽點的仲裁人，是擁有BOT專業的律師孔繁琦，遠雄挑的仲裁人是的中央大學教授謝定亞，兩方共推李復甸為主任仲裁人，但李曾在柯文哲相當在意的台大愛滋器捐案上加以彈劾，稱柯「怠忽職責」，也是調查柯文哲MG149案的監察委員，還為文「基金會成為逃稅洗錢的淵藪」影射柯P犯法，在柯遭爆出以粗暴的測謊手段，對待府內屬下時，李也不吝為文批評漠視人權……柯P骨子裡並不是一個太能接受批評的人，這些都讓柯對李早有怒火，如今，李居然在仲裁案中擔任要職，讓柯更是肝火大動，要求法務局必須立刻撤換李復甸。

然而，對楊芳玲來說，一切「依法行事」，依照《仲裁法》第九條，沒有更換的理由，更不能因為柯文哲的個人恩怨、喜好，換掉兩造已經協議好的李復甸人選，柯P的意志到了楊芳玲這，算是進展不順。

柯P於是私下找來友好的市議員對外召開記者會，對外抨擊法務局的不是，訴諸媒體輿論力量。

楊當然感覺得到長官的意思，當天下午，便將著手草擬的辭職信遞出。後或許是因為與姚立明有革命情感，柯還請楊芳玲吃義大利麵，小聊了一陣，才批准辭呈，對其他離職者，柯倒是沒有這般「大方」。

至於另一位關鍵人物的離職，秘書長兼世大運執行長蘇麗瓊，蘇在世大運中的表現，堪稱可圈可點，讓世大運幾無差錯地往前推進，她在其中有著過人的任勞任怨、盡心盡力，也確實如柯P所說，像台灣「阿信」一樣的認份，個頭雖小，但肩上能扛千金，是整個世大運成敗的靈魂人物，從付出相較，柯P僅能算是在檯面上致詞的人。

至於世大運執行長蘇麗瓊的離職，與蔡壁如幾度粗暴地在沒有蘇麗瓊的同意下，就將蘇下面的人叫來開會，不尊重的作為，讓蘇相當受不了，數度與蔡壁如正面衝突。

蘇對此相當不高興，兩度到市長室開罵蔡壁如，蔡見來勢洶洶也僅回：「好啦好啦，對不起啦！」但在柯文哲的默許下，並沒有真正改善，讓蘇在離職前對同仁透露：「我現在趕快走，免得到了選舉年了，再吵架走不好。」世大運結束後，就搬離了市府，平心而論，這對柯市府是很大的損失，一位能撐過世大運的人，可說對行政體系及運籌帷幄都到了爐火純青的地步了，她的離開，是柯Ｐ不能再痛的損失。

不過，蘇在面對媒體詢問離職原因時，不論怎麼問，都稱「階段性目標完成，要休息一陣子」，展現她身為傳統公務員不評論長官們的倫理及美德。相當有趣的是，蘇很快地在中央「一例一修」議題火燒屁股的時候，接受邀請擔任勞動部次長，證明了確實與柯Ｐ發生了非離開不可的不合，而非真的需要休息一陣。

然而，回馬槍的是，柯Ｐ在隨後幾天就遭爆私下與友人影射有人覺得「無利可圖」所以離開。柯文哲的這席話，為北市有這樣一位無視下屬苦勞的市長，令人感到無限唏噓。

至於前文化局長謝佩霓，身為柯文哲唯一一位自己找來的局長，柯當時認為，謝因有先天性小臉症，從小受到很多壓力，應當是位抗壓力強的局長。

事實證明，謝與柯在市政上，相當不合拍，柯也以「厭惡」的態度待謝，甚至透過與其交好的媒體高層以新聞操作，一個禮拜就有數天都以負面新聞施壓謝佩霓，塑造府內對謝的不友善氛圍，龐大的輿論壓力，讓謝也自知該走了，柯自然火速批辭呈，對柯文哲來說，這就是他所謂的「從來不趕人」、「去者不留」，但掀開當中的過程，會令柯文哲相當難以示人，這也是另一面的真實柯文哲。

二〇一八年一月份，在第二十三位首長離職後的一月十六日，府內記錄第一千九百七十二次不對外公開的市政會議中，柯文哲頒發了在職的局處首長政績紀念獎章。

這次受獎者一共有十七位，他們依序上台接受領獎。**到了執政的最後一年，能留在柯文哲身邊的人，都有一定的功能性或人馬派系平衡的象徵意義，除能力受肯定，在府內鬥爭中留了下來，對柯來說，他們在府內的存在，達到一定的派系平衡效果。**

首先，是醫院派，包含柯 P 的老師，衛生局長黃世傑，學生兼社會局長許立民，研考會主委王崇禮，心腹蔡壁如，以及泛醫學領域對藥學熟稔的民政局長藍世聰、副秘書長李文英。他們與柯的合作默契自不待言，光是同與「醫」有接觸這一點，就能讓柯減少敵意、增進好感。

前總幹事姚立明推薦的四位人馬中，僅剩副市長鄧家基，公務人員訓練處處長曲兆祥。鄧為市議員出身，也擔任過北市環保局科長，及新北市的環保局長，對公務員的習性瞭若指掌，市議員的經驗，也讓他對「喬」事情有一套，柯文哲稱「喬主」，不過，在大巨蛋案柯文哲將主責者換為陳景峻後，柯對外再也沒有稱許鄧「喬」的功力，鄧對柯的實質功用已不多，重大案子多不經他手，「第一副市長」也有日漸架空的味道，至於曲兆祥，身為政治學者，會在柯P的兩岸事務上，給予些許意見。

團隊中的民進黨的人馬，有已離開的觀傳局長簡余晏，以及當時還在府任副秘書長的李文英，政治路出身自兩屆市議員，後連任失利，但在柯文哲競選二〇一四年時，負責婦女部的組織事務，也被指派作為與市議會的溝通橋樑之一，前面提及的民政局藍世聰也屬民進黨人馬，以及柯P在綠營中的好友柯建銘推薦的、經黨秘書長洪耀福同意的白綠橋樑陳景峻。

至於，對柯來説，也要有功能性強的技術官僚，助他將市政往前推進，包括副市長林欽榮、都發局長林洲民、產發局長林崇傑、翡翠水庫管理局謝政道、兵役局長傅永茂、工務局長彭振聲、財政局長陳志銘等。

具體功能方面，林欽榮負責都更大業、林洲民負責公宅前推、林崇傑負責內科產創、彭振聲負責市場改建、謝政道可以跟全台中央到地方的水利系統熱線、傅永茂助他認識軍中人脈、陳志銘幫柯管理財務紀律，各自發揮柯Ｐ相當看重的市政功用，對柯來說，都有益於他的壯大。

然而，即便到後期市政團隊逐漸穩定，但前端市府局處長接二連三的離職，不但影響了公務員士氣，也讓許多政策想法，沒能按部就班、落實到位，虛耗了許多時間，甚至前一任才編列的局處預算，新任首長都還不熟悉業務，就要立馬到議會為前任編列的預算辯護，二二六六的出包事件，也就不勝枚舉了。

不過，可能有點出乎你意料之外的，在柯Ｐ看來，「換人」真的不算什麼，除非這股換人潮影響到他的民調與媒體形象。

因為即便到了二〇一六年底，人員流動頻繁時，柯文哲及蔡壁如都還在思考要把他們認為「沒有發揮功用」的局長開除，也關心局長們的忠心問題及本質上是什麼黨派的，而所謂沒有發揮功用，像是蔡壁如就曾懷疑過林崇傑的黨派立場與忠誠度，四處探聽。

「下屬的天條是不要給長官找麻煩」，柯Ｐ在多個開會現場都可聞及，各局處首長自然在市政上力求「穩健」、不出錯，即便有突發奇想的創意，也怕失敗或民怨鬧上媒體，引發柯Ｐ震怒，因此，越是接近選舉，行事也就日益保守，**甚至有首長擺明著對下表示，今年是選舉年，不會有什麼重大政績。**

對於小內閣異動頻繁，柯文哲於二〇一七年四月九日的《新新聞》三十週年社慶上表示，當競選時，所有的成員「萬眾一心」，都朝著要勝選的方向前進，但選後，所有的向量都往不同的方向，造成離心離德，「選舉時目標清楚，但選後大家想法都不一樣」，做了部分解釋。

但在一次與柯的巧遇中，我問了柯Ｐ對人事頻繁更迭的想法，他回我「換了人有沒有越換越好？如果有的話，那就要拚命換」，我想這個想法他既然敢跟我說，也不是第一次跟人提到吧，市府內的現任局處首長，若是聽到這個說法，恐怕會覺得相當「ㄘㄟˋ心」，不會很舒服吧！但這就是柯Ｐ，以及他對屬下的態度。

政務官可以來來去去，可憐的是公務員滿肚子不滿又不得離開，公務員的士氣低落，從首都的公務員頻頻缺額，就可以看出。根據市政府的資料顯示，以都發局的人員流動與缺額最高，都市設計科甚至只剩下三成人力，座位空缺處處，這個科為了巨蛋案忙得不可開交，是大巨蛋案中七項公安基準設置的主責單位，科長還協同前往日本找委員。

因離職頻繁，沒有離開的員工工作量爆增，事情一案積一案，長官臨時起意催促一案，公務員才趕緊補上一案給長官，其他的就只能壓著，對整體公務正常運作的影響不可謂不大。

根據台北市人事處資料，在柯文哲完全執政的第一年，二〇一五年，八萬名公務員中，申請退休有七百九十三人，請調九百七十人，離職兩百三十七人，共兩千人；相較前一年，二〇一四年的郝龍斌主政時期，退休六百二十八人，請調八百五十二人，離職兩百二十八人，共一千七百零八人，總體增加約三百人，增幅一七．五六％。

當中原因，眾說紛紜，但最常聽到公務員的抱怨會是，柯文哲的朝令夕改、冗事加身，而公務員也普遍認為，柯市長往往在未與局處溝通完畢就在媒體上放出政策，導致各局為了柯Ｐ一句話，就搞得雞飛狗跳。

有局處首長觀察後分析，團隊沒有建立，市政上才會「到處漏水，到處補洞」，負面新聞一個接一個爆出，但若團隊建立，大家會齊心檢視牆有沒有漏水，

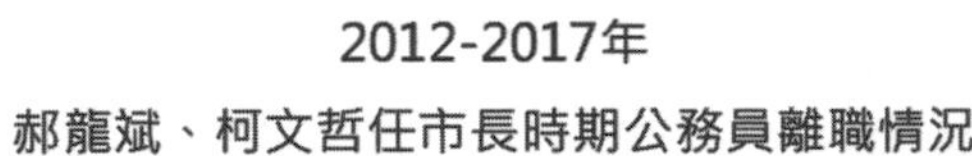

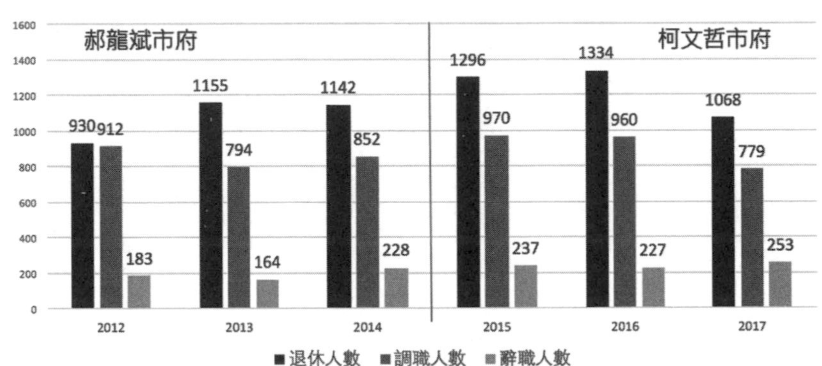

郝龍斌與柯文哲在任市長時期，公務員異動人數比較

	郝龍斌時期			柯文哲時期		
年　　份	2012	2013	2014	2015	2016	2017
退休人數	930	1155	1142	1296	1334	1068
調職人數	912	794	852	970	960	779
辭職人數	183	164	228	237	227	253

作者王彥喬製表、製圖　　資料來源：北市府人事處

但柯市長並不在乎與首長們的定期見面，當市長室把眾多事情列管，三年來共列管七千多案，有沒有真的落實到完美，往往只有蔡壁如的一通電話就解除列管，這些都直接間接導致軍心渙散、公務員得不到成就感，自然離開者眾。

睽諸歷來離開柯文哲的局處首長，離開的原因不外乎為以下幾點：

- 柯P不夠有市長肩膀：「自己的局處自己管」，要求局處犯的錯誤不許鬧上媒體跟議會、影響他的民調而離開。
- 柯P作為市長的不專業：要局處為達他個人政治目的，做行政配合，甚至配合造假，受不了組織文化離開者。
- 柯文哲允許蔡壁如對局處長經常性地頤指氣使、越權指揮，不能認同柯P領導風格離開者。
- 局處長成為柯P的煞車皮，遭厭惡離開者。
- 局處長自身操守問題，遭柯P或身邊人明示、暗示離開者。
- 因民進黨與柯P分家，而回歸黨內者。
- 以上多重問題夾雜，最終自己離開者。

6

變調的公開遴選局處首長

局長遴選制度，是柯文哲在選前就喊出的政策，但缺失處處，並不透明，也沒有制度化，就連柯市府內部，也僅有一內部參考規則，並不具有強制性，沒有強制性的結果，就連柯文哲都可以依著己意決定遴選與否，遑論下一位市政領導人會遵循。

民主制度中，若要看一位首長，是否真心希望讓好的事情常態化，就要觀察是否走向「法治化」，而由於法治化不是一件太輕鬆的事情，法案在送到議會三讀前，就需經過府內的諸多會議討論，之後，再與立法機構溝通，三讀後通過，之後便是不論哪一位政務官任職於市政府，都必須加以遵守，但顯然，柯Ｐ雖對外喊出遴選首長，但光是他自己並無意將此作法法制化、常態化，他保留了可以隨時不做的空間。

在二〇一五年剛上任市長的初期，柯市府的小內閣人選，以「亮眼」及「選舉酬庸」為主要考量，因此，早在遴選前，柯Ｐ與團隊就有了先見，有意朝自己屬意的方向找人，而非開放所有選項，讓民眾投票。

局長的遴選，像是環保局長劉銘龍，勞動局長賴香伶，至今都仍在位，但當時的遴選絕非如柯Ｐ對外所稱的公開透明，而是充滿人為斧鑿的痕跡。劉的上任，是遴選委員會討論名單之外的人選，是柯Ｐ指派，身為遴選委員的詹順貴曾為此發表不平之鳴，稱柯假惺惺的搞遴選和i-Voting。

而賴香伶，是當初名單上的第三名，卻是團隊早已屬意的人選，由團隊硬是逼迫前兩人退選，最後才由賴香伶當選，賴來自民間，自然對這樣的操作方式感到不妥，但最終仍接受，上任局長。

在諸位首長上任一年多後，柯文哲的小內閣卻異動頻繁，人事案便不再都是由遴選產出，出缺位子，多半由副局長先代理後轉正，但柯市府卻依舊得意地稱是經過「遴選」，不過，此時，已可見柯P又想與高道德標準沾邊，但執行起來卻不會落至實處。

比方說，北農總經理的推薦人選，柯文哲因為與在該人事任命上，幾乎與民進黨鬧翻，柯文哲的行動幾度讓綠營看似要推翻之前的合作默契，綠營與柯的合作關係出現裂痕，以致在二〇一七年的六月份，在股東大會選出董事人選後，並沒有按照原定，順利地一舉推出董事長與總經理。

之後，柯市府在與綠營溝通後，私下決議要讓吳晟女、小農作家吳音寧擔任總經理，但柯依舊對外稱，要經過「內部遴選」程序，蔡壁如也多次稱，必經遴選。

當月十三日上午市長晨會，柯市府內部雖開了「遴選」程序會議，除吳音寧外，也包括民進黨中央秘書處主任蔣玉麟、前台北畜產公司董事長郭萬清、前民進黨立委賴坤成，由柯文哲指定有投票權的人投票，包括柯本人、辦公室主任、三位副市長陳景峻、林欽榮、鄧家基、副秘書長薛春明、參議李博榮，以及當天輪值出席的資訊局長李維斌、工務局長彭振聲、文化局長鍾永豐，以無記名投票表決，但投票完畢後並無當場開票，而是由蔡壁如收走所有的投票註記紙，接著，就公布了吳音寧當選。

有當次參與會議的人，事後表示，就連他們自己都不清楚得票情況，「但大家都會看新聞風向，也都知道該投給誰」。

確實如此！若說北農總座是因柯Ｐ與民進黨快鬧翻，故不得已不透過遴選產生便罷，就連其他局處的選舉，也是如此。

觀傳局長陳思宇的任職，也是柯Ｐ市府的一大妙事，唯一一位候選人，連遴選前的公告、陳於選前自我介紹等例行該有的前置作業都省了，聲稱有經過內部遴選，但卻同額直接當選！

晨會參與的人便私下指出，市長室小秘書也曾遭人非議，在投票前向有票者咬耳朵，告知風向，投票前，候選人僅有五分鐘的自我介紹時間，接著就得做出決定。

觀察遴選投票的方式，是以柯文哲在台大醫院就熟悉的填選○、▷、×為之，當上頭屬意的人選獲得○的「+1分」時，其他獲得×的「-1分」者，就會與獲得○的人拉開差距，正負相差兩分，就算有少數人跑票，在參加投票的人多半是府內核心人馬的情況下，也難以得逞。此套投票方式設計得相當高明，除讓高層意志得以輕易貫徹，投票單還能作為柯文哲、蔡壁如為首的核心循線找出「抓耙子」的方式。

在確保堪稱核心的三位副市長及市長室成員不太可能跑票的情況下，其他輪值出席的局處就會成為鎖定是否跑票的對象，也是一次柯文哲對一級首長們的忠誠度考驗，這一點，局處首長們不會沒有感覺，個個點滴在心，想要在府內存活，就該知道如何投票。

投票完畢後，市長室主任蔡壁如從不曾當場開票，她會將投票紙收走，對內對外都不公開開票結果，更別說公開透明的上網公開，因此，外界從來就沒有人知道投票結果與最後當選人是否一致。

除了府內局處首長的投票是如此，柯文哲上任成立的「公民參與委員會」、

「青年事務委員會」，平日裡，雖也會討論一些市政議題，提供市府諸如共融式遊具、公宅青銀共居的想法去落實，但也可稱為柯文哲的外圍組織，具有權力，為政策建言，但不具備責任。

所謂外圍組織，就是當柯文哲「有需要」的時候，可以幫忙，而這個「有需要」，隨柯文哲來定義，不論是幫忙選舉事宜，或在網路上操作網路聲量，總之，因為他們有非官方身分，但又領有車馬費用，得以做些市長需要的非公開事，且不受議會監督質詢，市長也不需要對外公開及承認他們的作為，這類人員的應用方式，頗有現下許多政治人物成立基金會運作的實質功能。

如，當選後，被任用進市長室擔任專員的邱昱凱，在「喬兵役」一事爆出新聞後，就改任柯市府的公民參與委員會委員，領取每次出席費兩千元的報酬，名為車馬費，之後，每個禮拜都進出市長室，到了二〇一七年底，甚至開始與蔡壁如討論起競選總部成立事宜，包含競總成立地點、人馬、坐車等。

而第一屆的公民參與委員會人員遴選，柯文哲除自己擔任主任委員外，也安排自己能指派「半數＋1」的人，為的仍是掌握組織。

以二〇一五年四月的第一屆委員會來說，可以輕易發現，府內十位，加上由市府直接指派的府外三名人士，共十三位委員是柯文哲可以直接掌握的「自己人」，而細查這三名府外人士，分別為台灣監督國會聯盟理事長施信民、沃草有限公司執行長柳林瑋、希望基金會董事長紀政，都是助柯P打贏二〇一四年市長選戰的功臣，對於曾經以「不酬庸」自居的柯P，這件事，柯文哲僅以「不是認識的就不能用」一語帶過。

同樣地，「青年事務委員會」的第一屆二十一位委員中，柯文哲同樣身為主委，副主委由副市長周麗芳及市議員陳政忠之女，立委陳怡潔擔任，柯同樣也有「半數＋1」共十一位可欽點，當中由柯欽點的自己人，除卻局處長外，包括黃建興、林以涵、林之晨，而這三位也都是選舉時的助手。

之後，委員會改選換屆後，依舊可以發現，越趨不避諱地任用熟悉且多半與選舉時有關的人馬，顯見柯雖對開放全民參與的口號有感，但真正在落實上，卻有如魔戒般脫不掉的控制慾，而這個控制慾是與「公民參與」的開放、不預設立場本質相違、不能共存的。

只要包上美麗的外衣，一切似乎都很美好。

此外，在柯文哲可以指派的富邦獨立董事位上，因市府擁有十三%的股份，擁有獨立董事的人事推薦權，只要不超額推選，都會沒有意外地擔任，因此，凡經過市長這一關，成為送出名單中的人名，就可以坐享月薪十八萬，不折不扣，是外界普遍視為「酬庸」的肥貓缺。

柯文哲對此當然知曉，但柯市府以「要好好監督富邦子公司」為由，先是向富邦多要了子公司富邦人壽、產險、證券的獨董位共五席，二〇一七年又多要了台北富邦銀行的二席，共新增七席，等於每月多跟富邦要了百萬。

此事因我直覺相當詭異，經財政局證實，由財政局推薦的人選只有台北富邦銀行的二席，簡明仁與吳繁治，其餘均非財政局推薦當選，而誰是比主管的財政局有更高的決策權力者，答案或許就相當明顯了。

「前面資訊公布的程度，決定後面大家參與的程度」，數位政委唐鳳於二〇一七年應邀到台北市政府演講，當面對著柯文哲說了這一席話，說的相當到位。

遴選與公開的本意是好的，但柯文哲顯然在眾多的實踐中，只願意沾到「公開透明」的名聲好處，卻沒有心真正為之，就連曾經身為資訊局長遴選委員的幕僚柳林瑋，也曾臉書留言，「整個過程是完全不公開的，完全背離大家期待的公開原則」，他所言，為遴選過程直播不公開，產生結果的過程也不公開。

從柯文哲在遴選局處長的不透明，到公民參與委員會、青年事務委員會的任職人員自派「半數＋１」，再到肥貓缺的富邦獨董位要一手掌握並多要席次，柯

市府的公開透明不無破綻處處，給了民眾對「公開透明」的錯誤想像與認知，這對台灣長期的民主素養認知，產生了相當的傷害，但這樣的傷害，卻未必在柯文哲的從政考量中。

附錄一

大巨蛋案時間流程圖

2014.12.25
柯文哲就職台北市長

2015.1.7
柯文哲召開第一次大巨蛋有關會議，討論巨蛋旁樹保，指定鄧家基為對外發言人

2015.1.9
柯文哲成立「廉政透明委員會」（為大巨蛋前朝弊案調查小組）

2015.1.16
柯文哲召開巨蛋專案會議，裁示原則上世大運在大巨蛋舉行，台北田徑場列為替代方案

2015.1.20
成立四人談判小組與遠雄進行違約談判，並檢討 39 項監察院糾正合約缺失

2015.1.21
柯文哲與趙藤雄召開第一次與遠雄討論會，趙承諾修約，柯承諾協助移路樹，約定一週後就修約內容討論

2015.1.22
市府核定遠雄移樹計畫

2015.1.23
鄧家基以柯 P 名義，要求遠雄急赴市府開會，並立即簽署同意修約文件，遠雄稱要攜回研議，協商破局

2015.1.30
遠雄函文市府， 願就合約共 25 條、履保金、營運權利金、土地租金協商

2015.2.6
市府發文遠雄，撤銷同意移樹公文，遠雄不得移樹

2015.2.17
柯文哲主持晨會，裁示體育局行文遠雄，不同意展延工期，由副市長林欽榮組「大巨蛋公安體檢小組」，動用市長二備金

2015.2.28-3.1
市府人員飛往日本，會見與遠雄撕破臉的前巨蛋建築廠商「竹中工務店」成員吉田克之、濱田信義，私下談定由兩人擔任安檢小組成員

2015.3.3
林欽榮主導第一次大巨蛋安檢預備會議，警大教授吳貫遠、建築師陳柏森建築師、台大城鄉所教授陳亮全參與，同為安檢委員

2015.3.10-4.15
大巨蛋安檢小組召開 12 次會議

2015.4.16
柯文哲記者會，公布巨蛋安檢報告，七項安全體檢標準，遠雄均不合格

2015.4.22
傳出大巨蛋若停工，旁捷運板南線恐坍塌

● 2015.5.7
鄧家基與趙藤雄見面，會議結論要求遠雄再就修約研議

● 2015.5.8
柯文哲宣布，世大運開閉幕與大巨蛋場地脫勾，移師台北田徑場舉辦

● 2015.5.14
建管處至大巨蛋堪驗，發現 79 處主要構造未按圖施工

● 2015.5.19
鄧、趙再會，柯文哲隔天罵趙來時「一身酒氣」，趙藤雄對柯文哲提告

● 2015.5.20
柯文哲下令，大巨蛋於晚間 8 時以違反《建築法》58-6，勒令停工，遠雄不服行政處分，提訴願

● 2015.5.25
鄧家基找來遠雄及技師工會，召開多次停工因應會議，同意部分「先行報備施工」

● 2015.6.1
文化局文資小組退回遠雄「松山文創園區古蹟建物整體修復計畫」，大巨蛋造成的周邊古蹟影響修復計畫遭退回

● 2015.6.9
柯文哲下令「五大案」儘速結案。大巨蛋案，廉委請前財政局長李述德提出書面說明，但廉委認為掌握證據不合，全案直送法務部

● 2015.6.13
柯市府邀請遠雄代表出席「大巨蛋園區防災避難安全研討會」，柯當面開砲「貪婪的財團與複雜的政商關係」

● 2015.6.16
北市府稱，大巨蛋工期展延與限期改善到期，確定違約，將依約 19.4 條，通知融資銀行團接管巨，遠雄回擊上有工期展延 343 天仲裁中，雙方無交集

● 2015.6.24
法務部以非偵察機關為由，退回廉委會「大巨蛋案調查報告」

● 2015.8.7
鄧家基見趙藤雄，同意修正 25 條合約條文

● 2015.9.3
鄧家基主持會議，請體育局就移樹、財政局就買回、都發局就公安、環保局就環評等研擬工期展延仲裁案之因應策略

● 2015.10.16
鄧家基與趙藤雄因每週的安檢會議卡關會面，趙同意將契約的「議約草案」內容回復

● 2015.11.16
遠雄告知修約僅 7 項可研議修訂，不含履保金、營運權利金、土地租金

● 2015.11.26
鄧家基主持會議，定調大巨蛋復工需走「遞件 > 審議台灣建築中心 > 都審 > 環評 > 復工」之程序，時遠雄就市府單方提出的七項公安基準不認同，請都發局助遠雄提達到此基準的可行方案

2016.1.21
市府高層就大巨蛋案，拜會內政部與財政部長

● 2016.5.27
柯文哲就大巨蛋案，拜會民進黨中央政府新任行政院長林全，林全初步給予支持

2016.5.24
台開董座邱復生公開表示，願介入巨蛋案解僵局。市府回應目前沒有台開介入空間

● 2016.6.8
北市府正式發文遠雄，要求於1個月內表態改善意願、3個月內改善公安完成，並表達若沒達標，就要了斷（終止契約）處理

2016.7.6
府內研擬終約兵推

2016.7.7
蔡壁如密會遠雄，說服遞件審查巨蛋，遠雄不願，溝通破局

2016.7.19
林欽榮對外召開記者會，公布幫遠雄構思的大巨蛋公安改善方案，全區容留人數應降為9萬，一樓全部清空作開放空間

● 2016.7.28
鄧家基與趙藤雄見面，詢問是否接受公安方案。遠雄重申七項公安標準於法無據，雙方同意七項基準全數送第三方單位營建署台灣建築中心審議

2016.8.3
柯趙會，柯痛罵趙「有多少人因為你去坐牢」後，離開會議室

● 2016.8.28
蔡壁如密會趙藤雄，趙表達希望終止契約想法

2016.8.31
府內確定9/8會將終止契約函發出，並擬定接管計畫

● 2016.9.5
府內定調9/8對外記者會主軸為「終止契約、重新開始」，蔡壁如同天至遠雄大樓，密會趙藤雄，趙向蔡透露自己老了，想留下代表作

2016.9.6
遠雄對外召開記者會，態度放軟，但依舊認為七項基準是私設行堂，市府內不滿，晚間再度定調終約處理。稍晚又收到遠雄願意退讓通知，府內再緊急開會商討

● 2016.9.7
趙藤雄赴北市府，與蔡壁如、陳景峻、鄧家基會面，雙方就遠雄退讓同意書研商，並敲定16:30遠雄開記者會公布，17:30市府記者會回應，府並定調不終約

2016.9.8
柯文哲對外召開記者會，公布不終止契約

● 2016.9.19
法務局長楊芳玲因不願依照柯文哲要求，更換大巨蛋仲裁主任仲裁人李復甸，柯 P 私下找議員對楊重傷，楊隨即以公開信「不認同長官理念」請辭，後柯 P 准辭

● 2016.10.11
蔡壁如、陳景峻前往遠雄大樓，見趙藤雄，談大巨蛋復工前都審、環評事宜

● 2016.11.24
市府同意遠雄移動路樹

● 2016.12.1 內政部今日也將核發認可通知書
大巨蛋由台建中心完成「防火避難性能審查」。完成審查前，蔡曾找台建執行長許銘文，蔡事後承認，兩人見面之後，許將巨蛋的審查速度由一個月審一次，加快為一、兩週就開會一次

● 2017.5.4
市府主動廢止 2016.2.6 不允許移動路樹公文，遠雄提交大巨蛋完工時程表給市府

● 2017.5.10
陳景峻前往遠雄大樓，溝通請速遞件大巨蛋審查。前後，陳與遠雄有多次未公開密會

● 2017.6.8
內政部針對台建中心防火避難性能審查，核發遠雄「認可評定書」

● 2017.8.3
護樹團體提案禁止移動路樹 ivoting 覆議達標，進入府內初審程序

● 2017.9.7
台北高等行政法院判決，520 停工適法有據，但全區停工違反比例原則

● 2017.9.19
遠雄遞件都審文件

● 2017.10.2
府內否決民團禁止移動路樹 ivoting 提案

● 2017.10.17
市府與遠雄召開都審前幹事會，對市府提出的多項要求，遠雄不能認同，包括補充交通影響評估報告書、57 部大客車不能停在大巨蛋的基地外，要做情境設定的電腦動態模擬等

● 2017.10.31
北檢因大巨蛋案，起訴趙藤雄涉嫌行賄、前財政局長李述德、前台建中心許執行長銘文涉嫌圖利

● 2017.11.7
陳景峻會遠雄總經理湯佳峯，就幹事會中的不合討論，但雙方依舊不歡而散

● 2018.11.17
大巨蛋都審前第二次幹事會召開

附錄二

大巨蛋案三大法律攻防戰

有別於初期以自訂的公安、輿論、文化古蹟、危及捷運為與遠雄對戰的主軸，大巨蛋案在柯文哲首屆執政中後期，相關的法律爭訟結果才日見明朗，柯文哲將漸將焦點回歸法律與行政層面，本附錄歸納出柯市府與遠雄的三大法律戰役及有關內容。

關鍵戰役一：柯P勒令大巨蛋停工，該不該？

在所有的司法訴訟中，被高層視為最高「戰場」的，要算是遠雄針對柯市府以其違反《建築法》五十八－六條為由，於二〇一五年五月二十日，勒令大巨蛋全區——包含大巨蛋、商場、影城、辦公室、旅館共五棟——同時停工，遠雄認為該行政處分違法，不滿提出行政訴訟。

在高等行政法院的雙邊辯論上，遠雄首先提出，市府認定的停工事實基礎錯誤，因此，據以做出的停工處分也是違法的。

在所有的建築案中，建築執照發核後，往往會依實際建築需求「變更建築設計」，這倒也不打緊，只要再補足「建照變更」程序即可。而像是大巨蛋這麼大的工程，也面臨建築設計變更，市府與遠雄就到底遠雄應該依照哪一張建築圖來施工，在法庭攻防上，有相當大的歧見。

柯文哲本人雖對細節不甚了解，但幾次公開指涉自己相當痛恨的是，遠雄先取得標案後，再惡意變更原先設計，還能對市府敲竹槓「追加預算」，柯認為是吃市府豆腐與官商勾結的代表。

針對這次的法庭攻防，整理出北市府與遠雄兩造的法庭資料，得出四大雙邊攻防爭點：

【爭點1】遠雄究竟有沒有偷跑施工？

遠雄方面指稱，遠雄在二〇一三年五月二日獲得第二次建照變更（下稱「二變」）之前，為趕工要作為世大運場館的大巨蛋，經北市「都市設計及土地使用開發許可審議委員會」決議，已同意「全區柱位結構」變更，且同樣為了趕工的理由，遠雄已於二〇一三年二月五日向市府申請，先依照尚未完成的「二變」圖說來施作大巨蛋一樓樓板，以穩定整體結構，市府公文也顯示同意此申請。因此，遠雄在「二變」完成前，就先動工一事，當時的郝龍斌市府早已知情，且發文遠雄同意在案。

保存年限：

臺北市政府都市發展局　函

地址：11008臺北市市府路1號南區2樓
承辦人：謝政安
電話：1999(外縣市02-27208889)轉8378
傳真：27203922
電子信箱：1443@dba2.gov.tw

110
臺北市信義區基隆路1段200號19樓

受文者：遠雄巨蛋事業股份有限公司

發文日期：中華民國102年2月8日
發文字號：北市都建字第10265641000號
速別：普通件
密等及解密條件或保密期限：
附件：

主旨：有關　貴公司等承、監造100建字第0181號建照工程（臺北文化體育園區-大型室內體育館開發計畫案），報備先行施作地上1樓版乙案，本局同意備查，復請　查照。

說明：

一、依　貴公司及事務所第102年2月5日掛號申請書辦理。

二、旨揭工程辦理變更設計報備依「臺北市建築管理自治條例」第21條規定申請先行施作地上1樓版案，本局同意備查，並應於地面層柱牆之模板及鋼筋組立前辦妥變更設計。

三、本案處理之滿意度調查及相關建議，歡迎至「臺北市民e點通網站」之「臺北市政府非臨櫃申請案件滿意度意見調查表」網頁（網址：https://www.e-services.taipei.gov.tw/ques/que.aspx）直接填寫網路問卷，您的相關意見將作為本府提升申請案件服務品質之參考。102年1月1日起至12月31日止（以上線填寫網路問卷完成之日期為準），填寫網路問卷即可參加抽獎活動，詳情請直接連結至上述網址參閱。

正本：遠雄營造股份有限公司、臺灣大林組營造股份有限公司、瑞益建築師事務所 徐少游建築師
副本：遠雄巨蛋事業股份有限公司、臺北市政府體育局

局長　丁育群
請假
兼代副局長　許阿雪　代行
建築管理工程處處長張剛維決行

（王彥喬翻攝自北市府發局公文）

遠雄法庭稱，二〇一三年二月八日，郝龍斌市府都發局發文遠雄，讓遠雄可依尚未完成之第二次變更工程圖說施工。當時蓋章的都發局長丁育群於當年四月因病請辭，代副局長許阿雪於柯市府任內退休。

此外，遠雄表示，建照變更的外審單位「台大地震中心」表示，大巨蛋於第一次建照變更時，已檢附完整之結構梁柱、樓板開口、管道間等結構變更圖，依主要構造施工不可逆的原則，大巨蛋依照「二變」的結構圖施作「無違誤」。更甚者，市府在二變完成後，對大巨蛋工地進行

七十五次勘驗，都有實際掌握遠雄的趕工進度，但當時並未制止或要求停工。

由於遠雄上述作為期間，都是在郝龍斌前市府時期，柯市府則對此有所辯駁。柯市府的都發局長林洲民曾到庭辯護，稱自己身為建築師，從來沒有看過申請變更的施工圖是只有標示出「柱位」的，因此，排除柱子以外的工程，「其餘同原核准」，即應依照遠雄第一次向市府申請核准的變更圖說來施作。

簡言之，市府要求遠雄平面配置的施工仍應依照「一變」圖施工，唯有柱位才能依照「二變」處理，柯市府也稱並沒有遠雄所說為了世大運而同意趕工一事。不過，針對遠雄提出市府同意趕工的公文，市府在法庭上並未再提出其他書面證據反駁。

顯見，光在勒令停工前基於的事實認定上，柯市府與遠雄的說法，就南轅北轍。

【爭點2】柯文哲下令大巨蛋停工，是否亂來？

柯市府是在二〇一五年五月二十日當天晚間勒令大巨蛋停工，當時是以遠雄違反《建築法》五十八－六條「主要構造或位置或高度或面積與核定工程圖樣及說明書不符」為由做出停工的行政處分。

遠雄在法庭辯論中指出，該條文僅限於「重大、急迫、無法修復、不可逆之極端例外」才能適用，因為現行仍有其他法條可牽制。

依照《建築法》三十九條，「施工中變更設計時……不變更主要構造或位置，不增加高度或面積，不變更建築物設備內容或位置者，得於竣工後，備具竣工平面、立面圖，一次報驗」，即事後報驗即可，市府不必施以停工處分。且依《建築法》八十七－一條，未依照核定工程圖樣及說明書施工者，處九千元罰金，遠雄認為，應依此處以罰金，而非停工。

遠雄也稱，北市府僅有二〇一二年的「北安路地下室過度開挖至公路」以及「士林官邸整體高度超高」兩案，是依照五十八條採取停工處分，其他自二〇一四年初始至二〇一五年四月三十日，共二十一案，縱使起造人未依核定圖說施作主要構造，也僅依照八十七條處以罰鍰，並要求補辦手續。換言之，對於此次的停工處分，認為太過。

柯市府則指稱，當時會處以停工處分，是因為遠雄對於「修改」稱不可能，「強制拆除」或「恢復原狀」的處分又不利於大巨蛋現狀，加以市府掌握七十九處的施工情況與已核定的圖說不符，且都是主要構造，因此，「停工」才最有利於遠雄。

針對遠雄稱可於竣工後一次報備，市府回應表示，唯有不涉及「主要構造」的變更才可如此處理，否則，需依照《建築法》三十九條，得先申辦，而「主要構造」的定義則在《建築法》第八條中有載。

不過，有趣的是，經查該法條對於主要構造的定義，確實沒有言明兩邊爭執不下的「樓梯」究竟算不算「主要構造」，這構成法官在此次裁判時的裁量空間。

北市府認為，樓梯與樓地板相連，且涉及民眾逃生，當然算主要構造；但遠雄方卻認為，施工中為方便工人通行，會闢建屬於臨時性的樓梯，未來仍會改變樓梯位置，兩邊僵持不下。

【爭點3】柯市府在停工前兩小時，才發文遠雄要求補正？

遠雄在法庭上出示公文表示，勒令停工的都發局建管處，在五月二十日停工前兩小時才發文遠雄，稱「應立即補辦手續」，顯是依照《建築法》第八十七條規定要求為之，因該條文言明，違反相關規定「處九千元以下罰鍰，並勒令補辦手續」，公文與條文使用相同字眼，兩者顯然可相連結。

正本

檔　號：
保存年限：

臺北市建築管理工程處　函

地址：臺北市市府路1號低南區1樓
承辦人：臺北市建築管理工程處
電話：1999(外縣市02-27208889)轉8382
傳真：(02)27203922

11073
臺北市松高路1號22樓

受文者：遠雄營造股份有限公司 孫寧生 君

發文日期：中華民國104年5月20日
發文字號：北市都建施字第10462823600號
速別：普通件
密等及解密條件或保密期限：
附件：如主旨

主旨：有關100建字第181號建照工程，涉及先行施工部分，經104年5月14日派員現場勘驗，發現有81處主要構造與核定之建照圖不符，如附件，應立即(補辦手續)請查照。

說明：依本處104年5月14日現場勘查辦理。

正本：遠雄營造股份有限公司 孫寧生 君、台灣大林組營造股份有限公司 谷田光司 君、羅興華建築師
副本：遠雄巨蛋事業股份有限公司　趙藤雄 君

處長 陳煌城

（王彥喬翻攝自北市府建管處公文）

在這份二〇一五年五月二十日，大巨蛋遭停工前兩小時才發出的公文中，可見建管處要求遠雄「應立即補辦手續」，遠雄稱與《建築法》第八十七條有相同的字眼，可見適用八十七條，而不應用市府現在引用的五十八條勒令停工條文。

遠雄方表示，北市府於停工前兩小時才發文要求補正，兩小時後就叫遠雄停工，根本來不及時間補手續就被要求停工，不合理。

市府回應，大巨蛋全區停工符合比例原則也無違誤，因七十九項缺失是客觀事實，遍佈

在全區佔比六十七％的施工範圍，基於公安與急迫性考量，在台灣建築中心審查完畢之前，都無法確認安全，因此，做出勒令停工處分。

至於市府不採取遠雄所稱《建築法》第八十七條給予九千元罰鍰處分，柯市府稱，該法涉及的是工地的「輕微瑕疵」，但大巨蛋涉及全區防火避難性能的重大瑕疵，因此，依《建築法》五十八－六條要求停工，遠雄必須改善七十九處才可以復工，市府也才會廢除停工處分。

【爭點4】北市府撿到籃子裡的都可以是大巨蛋停工理由？

在北市府給予遠雄的大巨蛋五二〇停工理由中，包含了古蹟毀損、捷運隧道產生裂縫、違反環評承諾事項等，且經市府多次通知改善未果，監測數據持續惡化，對基礎大底完工日期說法反覆，承諾修約事項也未能達成，且七十九處主要構造與核定圖說不符，勒令停工。

遠雄認為，市府上述停工理由，顯已違反依法行政、明確性原則、不當連結禁止原則，因其中多項與市府所稱的「違反《建築法》五十八－六條而停工」無關。對此，市府稱，是以七十九處不符合施工圖說為主要停工理由。

法令依據	一、「建築法」第 58 條：「建築物在施工中，直轄市、縣（市）（局）主管建築機關認有必要時，得隨時加以勘驗，發現左列情事之一者，應以書面通知承造人或起造人或監造人，勒令停工或修改；必要時，得強制拆除：一、妨礙都市計畫者。二、妨礙區域計畫者。三、危害公共安全者。四、妨礙公共交通者。五、妨礙公共衛生者。六、主要構造或位置或高度或面積與核定工程圖樣及說明書不符者。七、違反本法其他規定或基於本法所發布之命令者。」。 二、建築法第 2 條規定，主管建築機關在直轄市為市政府，本府業於 95 年 7 月 5 日以府工建字第 09560103901 號公告委任本局辦理建築法相關事宜，併予敘明。 三、行政執行法第 4 條規定：「行政執行，由原處分機關或該管行政機關為之。但公法上金錢給付義務逾期不履行者，移送法務部行政執行署所屬行政執行處執行之。」。
處分理由	旨揭建照工程施工期間造成古蹟損毀、捷運隧道產生裂縫，違反環評承諾事項等，經本府多次通知改善未果，且監測數據持續惡化，貴公司對於建物基礎大底完成日期說法反覆，且承諾本府事項未能達成。復經本局 104 年 5 月 14 日派員現場勘驗，發現有 81 處主要構造與核定之建照圖不符，爰依建築法第 58 條規定勒令停工。
繳款（改善）期限	請立即改善該違反情形，否則將依建築法等規定續處。
繳款地點	
注意事項	1. 受處分人應於接處書送達之次日起 30 日內繳納罰鍰，逾期經催告仍未繳清者，移送法務部行政執行署所屬行政執行分署執行。 2. 對本裁處書如有不服，自本件裁處書達到之次日起 30 日內，書寫訴願書，以正本向本局（地址：臺北市市府路 1 號）遞送，並將副本抄送本府法務局（地址：臺北市市府路 1 號 8 樓東北區）。（參考訴願法第 14 條及第 58 條規定，訴願書以實際收受之日期為準，而非投郵日）

局長 林洲民

（王彥喬翻攝自北市府都發局公文）

大巨蛋停工訴訟，根據市府五月二十日停工時發給遠雄的公文，當中列出的停工理由，遠雄認為，違反依法行政、明確性原則、不當連結禁止原則。

二〇一七年八月十七日開庭的這起訴訟，合議庭審判長為黃本仁，另有法官蕭忠仁與林妙黛陪同在坐審判，顯然，大巨蛋案的工程專業程度，也顯已經超出司法能判斷的範圍，在這場我全程聆聽的法庭爭辯中，法官除讓北市府與遠雄兩方律師答辯以外，最後，黃本仁說了關鍵的話。

黃本仁在場提出雙方「和

解」的建議，還建議雙方律師把話帶回去，給上頭請示，因為這兩天，他要開始寫判決書了。「考慮看看，請示一下……」這樣「大家都有面子，也有裡子。」黃還對遠雄方表示，「錢不要賺那麼多也可以」，他還說，判決出來後另一方也會上訴又會拖很久，市民也希望大巨蛋趕快蓋好，黃還呼籲兩方「想開了就很容易」。

遠雄建設總經理湯家峯在庭中主張，市府應以平常的方式審查，讓他們用「報備」的方式即可（市府始終要求要審查，兩者的差別在於報備僅需送件備查，審查要經市府核可才能執行），湯還說，「若市府撤銷停工處分，我們也送件審查」。

庭審過後，都發局同仁紛紛對法官與遠雄的說辭，回以冷冷的苦笑，示意根本沒有撤銷停工處分的可能性，因為就連公務員也清楚意識到，此案夾雜著柯市府與遠雄複雜的政治問題，此時退縮，不但將引來輿論對府不利，而若如遠雄所說撤銷停工處分，形同自認「行政瑕疵」，公務員此時的罪責更大，因此，此事對市府來說，「開弓就沒有回頭路」。

有趣的是，黃本仁還說，他看了許多大巨蛋案的新聞，若市府與遠雄終止契約，到時後，也很難找到另外一家廠商願意接手，而且接手會很麻煩等諸如此類，希望兩造各退一步的說服說詞，不過法官所言，與本案並無關係。

法官會有這些說法，除顯示，大巨蛋案在輿論的重大關注下，法官的壓力也相當大，希望兩造自行和解，由他來判決將形同在政治上「表態」來協助其中一方，更進一步，法官會有與該起糾紛無關的發言，也顯示法官對此案的複雜性，並沒有全然地了解，功課做得不足。

事實上，「勒令停工訴訟」要算是柯文哲任內，在大巨蛋案官司中最關鍵的一役，因「停工處分」，是柯文哲任內對大巨蛋下的最重大的決定，不可歸咎於前朝的「官商勾結」，因此，若輸訟，柯市府需全數承擔，甚至，北市恐因此負擔遠雄鉅額賠款，柯市府高層一直視此為大巨蛋案上的「關鍵一役」，對柯文哲來說，長遠關係到市長的連任路，會跟隨柯的政治生涯一輩子，民眾也都引頸看著，這場上升到柯文哲及遠雄董座趙藤雄的戰爭，最終結果「誰輸誰贏」。

二〇一七年九月七日，高等行政法院的判決結果出爐，雙方各有輸贏，但若以法院判決訴訟經費的分攤比例來看，市府負擔四分之一，遠雄負擔四分之三，市府贏得多一些。

法院判決，市府針對大巨蛋的勒令停工「適法有據」，不過，大巨蛋園區內停工。

「全面停工」比例過當，此外，在維護安全、妨害危險而停工部分，原停工處分撤銷，在先前就大巨蛋停止執行部分，撤銷部分，即法院判決，大巨蛋不應全面停工。

都發局副局長張剛維隨即召開記者會表示，台北高等行政法院確認了兩個重要事實：其一、遠雄未按圖施工是事實，其二、市府的停工處分是合法的，因市府祭出「勒令停工」，是依照遠雄「未按圖施工」的事實基礎。

在此一役，若以民眾慣常將事情一刀切的慣性，只想得知「誰輸誰贏」的判斷，都發局這場緊急對外召開的記者會，有意塑造柯市府贏得此役的氛圍，有趣的是，該場記者會非由大小事一把抓的林洲民召開，因林不在府內，但依舊由副局長張綱維召開，且該記者會的座位安排，將最中間的位子留給了發言人劉奕霆，劉到場監督的意味明顯，顯示這場官司的成敗與輿論引導方向，已非都發局一個局的事，而是上到柯市府最高層級的政治風險控管。

關鍵戰役二：吵半天！大巨蛋到底「弊」在哪裡？

北檢於二〇一七年十月三十一日起訴大巨蛋案，北市財政局長李述德、前財團法人台灣建築中心執行長許銘文等人，涉嫌圖利，檢察官團隊辦案調查，在這樁與遠雄有關的偵查案中，檢察官偵查終結共起訴被告三十一人，緩起訴被告十三人，緩起訴金額共台幣四千七百一十萬元，及繳回犯罪所得三千五百五十萬元。

在這份比五十元硬幣立起來還厚的報告中，進一步閱讀大巨蛋起訴報告重點，檢察官指前馬英九市長時期的財政局長李述德，由馬指派為大巨蛋案甄審委員及議約主談人，卻違反《促參法施行細則》第二十二條第一項：「主辦機關與民間機構依本法第十一條規定簽訂之投資契約，不得違反原公告之內容」，且違《大巨蛋案申請須知》第七．一條：「主辦機關與最優申請人本於合作精神及不違反本申請須知及本案其他相關公告內容進行議約」。

檢察官直指，李述德直接圖遠雄巨蛋聯盟不法利益，主導作出有利遠雄、損害市府權益之契約變更，造成不公平競爭，使遠雄因而獲得利益，放寬遠雄對大巨蛋營運資產及地上權處分的限制，致臺北市政府對地上權及營運資產之控管機制，門戶洞開。

此外，李述德違法提高向遠雄申請違約金的門檻、降低違約金金額，以附和並圖利遠雄，使遠雄每次違約時，可以減付六百萬元，致使台北市政府日後於處理大巨蛋案時，無法有效督導。

更甚者，遠雄也無須支付營運權利金，甚至，在錄音檔中，李述德提到「府裡的高層認為乾脆這個部分（權利金）就不提，他不提，我們也不要求，回到都審的程序處理，也比較明確一點，這個表寫無權利金，這張不要寫」，如此使遠雄未來五十年無須支付分文權利金，按遠雄九十五年所提計畫，五十年總營收估三千〇四十二億，以一％權利金計算，遠雄少付、市府損失更高達三十・四二億，少取得的金額，讓北市府得獨自承擔因取得大巨蛋案土地，而舉的鉅額公債及融資利息，嚴重損及北市府及全民權益。

另，在台灣建築中心（審查大巨蛋防火避難性能單位）執行長許銘文等，也涉嫌在大巨蛋案中圖利、偽造文書。

遠雄公司迭經台建中心於九十七年一月二十四日、九十八年三月十二日、九十九年四月一日及一百年一月十一日多次審查，直至一百年三月間仍未通過評定，遲遲無法取得建造執照，臺北市政府遂於一百年三月三日發函遠雄，表示如公司未能於文到四個月內（按至一百年七月三日止）取得建造執照，北市府將依契約第十九條約定，向遠雄請求按每日五萬之違約金，並得為中止興建、接管或終止契約之處分。

遠雄董座趙藤雄為免遭罰，請託當時的營建署署長葉世文催促台建中心執行長許銘文，許在明知遠雄未依審議會意見修改製作最終版之計畫書，仍在所製作之評定公文書上的評定結果欄，不實記載「專案評定小組決議通過准予核發評定書」，讓遠雄持不實評定書，向內政部營建署取得認可，再向臺北市政府建管處申請取得建造執照，不但讓遠雄免罰每日五萬，還將嚴重損巨蛋建築未來啟用後之防火避難安全，恐有重大危險。

這份報告，支持了柯市府的廉政透明委員會所做的大巨蛋案有弊端的決議，但在北檢的起訴中，趙藤雄本人，並沒有涉入大巨蛋案的任何直接違法行為，僅前馬英九政府時期下的官員遭起訴求刑。

關鍵戰役三：大巨蛋為全台最大違章建築？

大巨蛋案，始終有一群不停為此奔走，尋求正義的民間護樹團體，以游藝為首，關注至今已長達十一年。

自大巨蛋在設計規劃的馬市府階段，就引起他的高度關注，一路到了郝市府與柯市府時期，從未放棄揭發當中的弊端，為的是歸還大巨蛋原本存在的松菸公園。

在柯文哲上任初期，柯P更借助他們長期調查的能量，有意給遠雄重重的耳光，游藝與其夥伴，透過多方的資料蒐集，於郝龍斌市府時期，便向北市府提出市府核給的建照違法，應撤銷建照並拆蛋。

市府一體，柯市府承接自郝市府時期留下來的官司，此時的市府態度是尷尬的，政務官來來去去，郝市府時期的政務官都已離開，留下來的當時有參與決策的市府公務員，當然不希望輸掉訴訟，否則很有可能被以行政瑕疵究責，公務員生涯毀於一旦，而市府對外委任的律師當然也是基於「打勝仗」為目標，自然不會以輸掉訴訟為目標。

因此，就在各方對柯市府有意打遠雄的目標認定不一下，各自往有利的方向去，突顯了這場與遠雄的戰役，始終是柯文哲個人對上遠雄集團，而非整個市政府對上遠雄集團，即便柯文哲透過蔡壁如，要拉攏政務官及公務員為其打仗、為其做成許多與遠雄往返的必要公文書，下面的人仍都是懼怕的，高層如副市長鄧家基，到了後期，因無其所信任的前任法務局長楊芳玲協助把關，而寧可退出大巨蛋決策團隊，即是最為鮮明的例子，而一直隱身在後的政治幕僚張益贍，也因不想扯入糾紛，始終不願在巨蛋案中扮演要角。

事實上，若此案柯市府能在辯護中，帶入政治思考，有計劃性地輸訟，證明郝龍斌時期核發的建照違法，則大巨蛋是有機會從源頭被判定為「違建」的！屆時，違建拆除也是順理成章、順水推舟之事。

不過，由於此非市府主力官司，與前朝的決策較為相關，因此，公務員自然會引導律師做出保護自己的保守訴狀，立場與高層歧異甚大，甚至打臉柯文哲一貫對遠雄要「打」的立場。

在我研究的市府與護樹團體訴狀中，可以觀察到，台北市政府身為被告，在這起爭訟中的辯論書狀，出現前後立場不一，甚至為遠雄「背書」的情況，而基於政府立場一貫性，市府透過律師在法庭中說出的話，一定會被遠雄在後續的所有官司中沿用，換言之，市府一次稱「商業無喧賓奪主」，遠雄就可延用此作為市府一貫且永久的立場，後續對市府的輸掉其他訴訟的負面效應，甚難預估，市府也再一次把自己放到了危繩上。

具體舉例，市府在這起違建與否的辯論狀中表示，大巨蛋園區內的商業設施面積僅佔十％，體育文化佔八十九％，足見並無商業喧賓奪主及主輔異位的情形，市府還在書狀中白紙黑字、畫底線強調：「本來即未設有文化體育設施量體必須大於商業的限制，更不以二者量體大小作為判斷其『主輔關係』」，也說，大巨蛋採中空挑高球體設計，球體無法計入樓地板，也不該用「樓地板」計算面計，商業設施也該達一定規模才能產生足夠經濟效益。

就辯論狀看來，市府在建照撤銷官司中，選擇為遠雄龐大的商業量體及被犧牲掉的體育文化空間背書，賦予遠雄超大量體的正當性。

反觀二〇一五年初柯文哲成立的「廉政透明委員會」調查大巨蛋案，當時製作的「大巨蛋案調查報告」第三十九頁、第十點中明確指出「遠雄大巨蛋公共建設與附屬事業之比重顯有本末倒置，形成一反客為主之BOT案，違反促參法立法本意」。

十、遠雄大巨蛋公共建設與附屬事業之比重顯有本末倒置，形成一反客為主之 BOT 案，違反促參法立法本意。

茲查：

1、本案大巨蛋場址旁的忠孝東路，平日就有交通問題，尤其是上下班交通尖峰期，就會有交通堵塞的現象，現在再塞入四萬席的棒球場，旁邊又緊鄰二萬人的商場，對鄰近的交通衝擊，實是惡化。更無庸問可能產生的安全逃生議題，因此挑選在本址興建大巨蛋，即是一大疑問。

2、本案 BOT 公共建設之目標遭扭曲，係因開啟不適當的附屬事業，引發人性貪婪。按促參法之目的本為促進民間參與公共建設而設計，較之政府採購法而言，主辦機關與民間參與者

（取自柯市府大巨蛋案調查報告）

二〇一五年初柯文哲成立的「廉政透明委員會」調查大巨蛋案，明確指出「遠雄大巨蛋公共建設與附屬事業之比重顯有本末倒置，形成一反客為主之 BOT 案，違反促參法立法本意」，與違建訴訟中的立場全然相反，恐構成日後爭訟輸面。

簡言之，廉政透明委員會報告結論認遠雄大巨蛋「主附設施倒置」，顯然與現正進行的建照訴訟稱「無主輔異位」是完全顛倒的立場，甚至與柯文哲公開稱「貪婪的財團」差異甚大，北市府在只經過1年多時間，就有南轅北轍的說法，這當然是基於公務員自保，以及律師想打勝仗的思維，卻可能成為遠雄日後向柯市府要求鉅款賠付的依據。

再舉一例，民團質疑市府在建照核發前的「都市設計審議」時，遠雄提供的是不實或低報的大巨蛋園區人數，嚴重影響救災。但市府的辯論狀中反駁，都審時根本不需要審防救災人數，市府書狀表示：大巨蛋的都審歷程從二〇〇七年到二〇一一年六月二十八日，與都

審人數相關的「防災、救災空間及設施設備配置事項」，該規定是於二〇一一年一月六日才增加的審查項目，規定剛好是在審查期間內才擬定，因此，「當時自不須將此增加的條文納入審議範疇事項」，顯然，柯政府在這次辯論的態度是，遠雄在都審時不需要審理防、救災，相應的人數也就無所謂了。

為此，我曾向民間律師黃俐詢問，「如果不利於己或前後矛盾的陳述，被其他訴訟的對造拿來引用，即有可能會被法院認定產生自認效力」，「簡單說，就是一個人（指柯市府）必須為他曾經說過的話負責，而不是在甲法庭說A，乙法庭說B。」她認為，若市政府的書狀寫了一些不利於己的事情，被遠雄拿來另一個訴訟用，雖然不生拘束法院的效力，但仍可作為法院認定事實的判決依據與證據，且對造遠雄一定會引用。

為此，向現任法務局長袁秀慧詢問，因袁身為大巨蛋高層小組會議的成員，應當對此會有所把關，但她竟坦言，市府此次與民團的建照爭訟，是都發局委外律師事務所處理的，不經她手，自己也不會過問，她只能事後看辯論狀。後來才知，她雖是小組成員，但府方對其信任有所保留，只讓她參與想辦法逼使遠雄就不平等BOT契約來「修約」的部分，其他權力與決策，抓在市長室手中，不容置喙。

我曾當面就此與蔡壁如討論，即便核心如她，在八萬人的公務體系中，蔡對此也無掌握，相較於遠雄身為企業，能「集體作戰」，身手靈活，北市府確有許多不如企業彈性的地方，此時的遠雄團隊成員也正在隔了一條街的遠雄大樓內部，竊笑著柯市府在法律層面的不思量。

該案在二〇一七年四月二十六日行政法院判決出爐，駁回民團的提告，換言之，建照依舊有效，法院認為，大巨蛋非違建。全案民團持續上訴中。

第三章

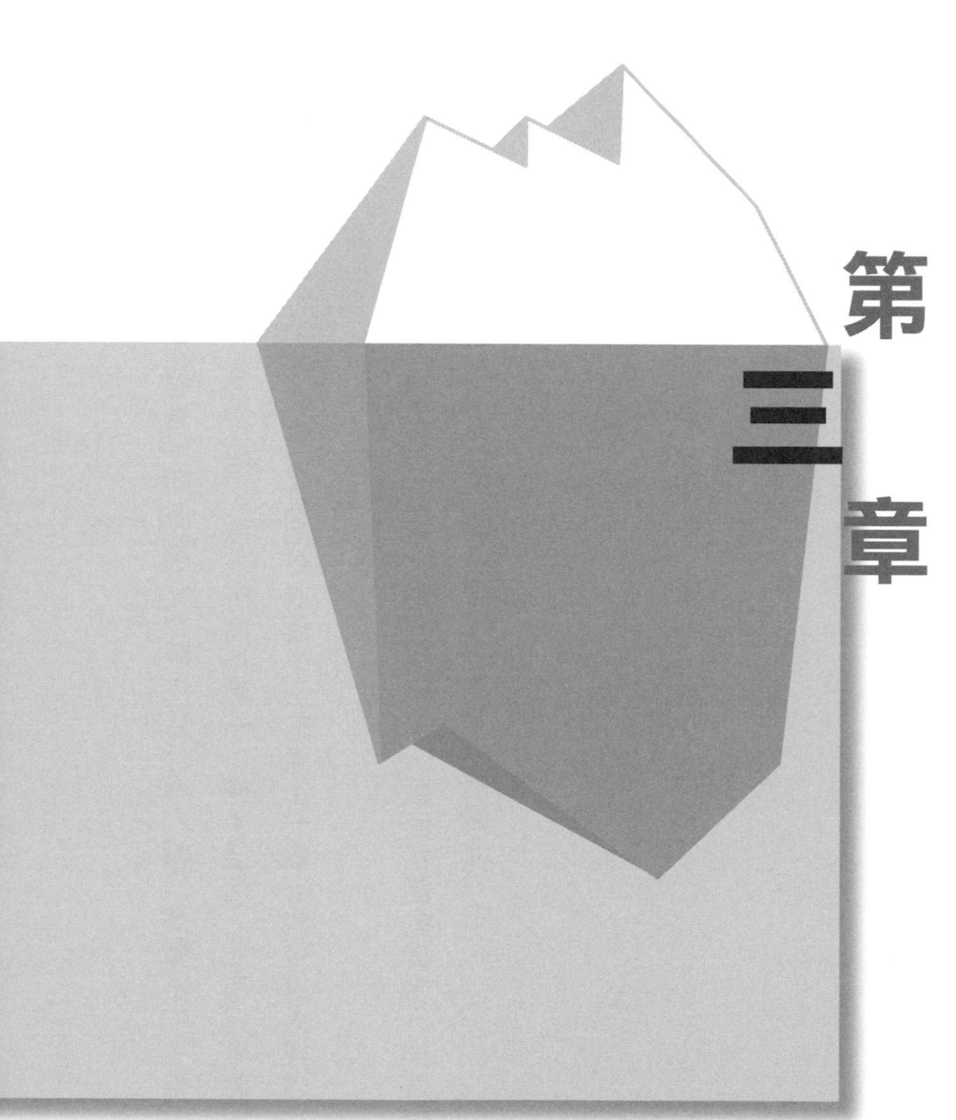

柯 P 的對外關係

在一次偶然的情況下，柯文哲與人聊到兩岸的核心議題，到底支不支持台獨？只見柯立馬回應，「台獨跟統一不是價值，民主才是」。

1

柯文哲到底支持怎樣的兩岸關係

兩國一制？一家親？

許多的巧合與運氣，都讓柯文哲關關難過關關過，「兩岸一家親」五個字自從透過親民黨主席宋楚瑜的強力推薦後，上了柯文哲的嘴，就像「芝麻開門」一樣，兩度讓柯 P 在第一任期內，順利登陸。

柯文哲的骨子裡究竟支持台獨？還是認同兩岸統一？這個問題相信很多人都想知道，特別是有意於總統大位的他，持有怎樣的兩岸關係，關係著台灣的未來。

在一次偶然的情況下，柯文哲與人聊到兩岸的核心議題，到底支持不支持台獨？只見柯立馬回應，「台獨跟統一不是價值，民主才是」。

柯文哲在兩岸關係上，不論是基於他真正認為民主是價值，還是透過民主決定兩岸路線以求不用負責，這兩個理由都足以讓柯未來有一天，若掌握更高的權力位置，會以公民投票的「民族自決」模式，來決定兩岸的未來關係，換言之，至少到目前為止，他擁有推動公投的動機，不過，身為絕對務實主義的外科醫師性格，若整體政治氛圍於他舉辦公投不利，柯 P 也會毫不猶豫地停止公投的想法，因為柯文哲在本質上，並不是一個真正具有果斷魄力的領導人物，特別是民調下挫時。

二〇一七年一月十五日，「總統直選與民主台灣」研討會，當台灣民意基金會董事長游盈隆公布基金會所做針對「關於台灣人和海峽對岸休戚與共感覺」的民調時，二〇一六年數字顯示，不太贊成的有三十．六％，一點也不贊成的佔二十八．八％，還算贊成二十一．八％，非常贊成八．五％，研討會公布數據，總體而言，不贊成兩岸休戚與共是多於贊成的。

游盈隆於這場研討會現場，兩度以帶有戲謔的語氣點名在座的柯文哲，到上海參加兩岸「雙城論壇」時講「兩岸命運共同體」，看來多數民意不是這樣的，游還說「柯市長應該聽一下（民眾的聲音）」，在這個參與者明顯偏獨的現場，兩度引來民眾對柯P的訕笑。我與柯隔著約莫五公尺的距離，我清楚地看到柯P當下不動聲色，表情與動作完全沒有改變，眼睛依舊直視前方舞台。

論壇進入柯文哲參與的座談流程，柯在最後結語時帶到關鍵的一段話，似在回應周邊對他的不友善：「在兩岸關係上，我是主張更密切的交流，從數據上看，我覺得交流對鞏固台灣本土意識沒有妨害，所以基本上我比較接近許信良大膽西進的戰略，這是我的想法。」暗中回擊及藉此表態的意圖鮮明，言語中，也透露不接受外界對他刻意打壓的隱隱抵抗。

隔一天，許信良也來參加同樣的論壇，對於柯P於前一天在會上引用他的

「大膽西進」思考，許表示，兩岸關係，柯是知道他的主張的，「曾經跟他討論過兩岸問題，也鼓勵他在兩岸關係上可以更積極大膽一點」，許也表示，在柯當上市長後，兩人交換過意見，他也會去看柯。

因此，從上述柯透露出的言論可知，**柯在兩岸關係上，是個堅定的「務實主義」者**。

柯文哲是凱達格蘭學校國策班第十期學生，參加這麼一個由阿扁創辦的政治學校，同班的還有民進黨立委江永昌與蔡易餘，加上柯文哲自認祖父為二二八事件的受難者，對其父及他都有著深且痛的傷害，就此確定了柯文哲沒有兩岸關係中「統」的細胞，甚至柯在二〇一四年市長選前，自稱是「墨綠」。

只不過，在政治路上，素人就是素人，柯Ｐ對兩岸關係的毫無頭緒，讓他會向外主動尋求前輩的引導，而真正他看得起，且將其放在心中當成導師一樣，並有意效仿的對象，就只有李登輝了！李跟他有相當多的雷同處，包含從小都受到日式的教育背景影響，在心中存有理想的同時，用最務實的手段來達成，自然而然的，李登輝的兩岸關係，也影響著柯文哲，「把理想放在心中，用最務實的手法完成他藏在心中的理想，他是日本武士」，柯文哲是這樣形容李登輝對他的深遠影響。

李登輝持有的兩岸觀點，可以說是一種「務實的高度自治的台獨」，引進美國與日本作為後盾，作為與中國大陸談判的籌碼，談出一個對台灣利益極大化的自治權，甚至擁有準獨立地位（autonomy），即擁有外交、國防，突破現行台灣不能進入聯合國、擁有不完整國家權利的限制。

柯文哲上任前、後，只要是李的身體許可，便會經常性地拜訪李登輝，受到李登輝的兩岸思維影響，但據了解，柯文哲也認為，李的想法有些不能落實處。

至二〇一八年，柯文哲前前後後已到過中國大陸二十次，上任前以醫學交流的名義前往，當時多半是去教中國大陸的醫生，如何使用葉克膜機器，以及醫學經驗分享，上任後，則於二〇一五、二〇一七年前往上海，參加「台北—上海雙城論壇」。

柯文哲沒有受過嚴謹的兩岸關係理論背景訓練，因此，他是位從「實務經驗」中認識對岸的人，加以他本身外科醫生的務實性格，隨著年復一年前往對岸，柯P至少看著大陸在硬體上的突飛猛進，理解中國大陸在時代趨勢中的扶搖直上及實力不斷提升，他認為，李登輝想倚靠美、日的做法，注定失敗，因為中、美兩大國，任一邊都不會為了台灣與另一方交惡，因此，台灣在擁有堅強實力的兩大國間，作為一個棋子的角色其實能發揮的功用並不多。

柯 P 實際上是想將兩岸關係「制度化」、「法制化」或「協議化」下來的人，這能讓他青史留名，實務上講，也能避免台灣受到美、中兩大國的風吹草動，影響現狀，而這個制度化的做法，李登輝也有這麼想過，在這方面，柯 P 會想比照李的想法，往這方面去構思。

事實上，從中國大陸國家主席習近平對台的人事佈局也可見，曾任國台辦主任的張志軍，在二〇一八年的政協與人大兩會，當選為福建省的全國人大代表，人大是中國大陸的立法單位，關鍵的知台派人士任人大代表，顯示出對岸當局意在對台推動兩岸關係或一中「法制化」的想法，柯文哲若將來擁有兩岸的大局決定權，他會願意接受與中國大陸這樣的互動模式，對他來說，一切都可以坐下來談，也因此成了中共黨媒文字中「在綠營當中最能夠處理兩岸關係的人」，意外造就在國民黨始終是扶不起阿斗的時候，陸方竟願意與一位偏綠的政治人物見面會商。

民進黨中央則至目前為止，是不可能接受「兩岸關係法制化」這一步的，國內輿論的反彈將會非常強勁，特別是在台灣內部勞基法、年金、促轉等各項改革同時進行時，民進黨更是承受不了這項會被認為從根本動搖黨核心理念的作法。

「這個人的決心和勇氣，改變了台灣的歷史。」——這是柯文哲親口所說，對著自己墓碑上的文字所做的草擬構想。

因此，柯文哲若在日後成為一位總統，他有強烈的慾望，在兩岸關係上扮演「一錘定音」的歷史角色，這個想法從他擔任市長不到半年，就在內部會議上表明了自己想要有「角色」，加以柯文哲的務實好學，即便他現在對兩岸的背景知識貧乏，僅從經驗、新聞上，了解對岸的點點滴滴，但他從來不害怕去觸碰、去了解兩岸諸多的歷史過往，甚至，他是極為有興趣觸碰兩岸議題的，這一點，從他上任後，跳脫體制組「大陸事務小組」，任內年年花心思讓兩岸「雙城論壇」成功舉辦，就明顯可見。

而這也是柯文哲與現任蔡英文總統不一樣的地方，蔡英文是「兩國論」的起草者，執政後，透過轉型正義、嚴審服貿協議、課綱修改等方式「去中國化」，逐步落實她最終的台獨目標，雖在二〇一八年初兩岸明顯「冷和」及「冷對抗」的氛圍下，蔡政府「獨」的作為上趨於緩和，但始終沒有放棄其理想，且以蔡的成長背景推導她的人格特質，會是「天下無難事，只怕有心人」的「用功努力」型政治人物。

柯文哲與蔡最大的不同，在於極為務實！絕對務實的性格，造就他在作為上，不會「逢中必反」，相反的，他是「因勢利導、順水推舟」一型的，面對政經實力都蒸蒸日上的中國大陸，從幾次柯與對岸互動的作為上看，都可見柯本質上對對岸有敬畏之情，以自己能跟中國國台辦主任張志軍見面、談上話，作為自己又攻下一城的戰績，即便台灣內部有許多並不認同的聲音，但在柯心裡可見對此是得意的，甚至在意到二〇一七年與張志軍見面的當下，身體緊張得不自然，柯文哲清楚，在中央政府與對岸完全斷了線的時候，這時候搶分、得分，是自己在政壇上的一股成就，標誌著「民進黨不行，我行」的獨霸一方思考。

事實是，柯P相當希望自己能成為兩岸間的破口，他樂於當紅、綠間的關鍵橋樑，從這一點也可見，柯P在大局中，善於找到自己的立足點，而這個位置，至少在蔡英文執政的台灣政壇，還沒有人能擔任，即便是代表蔡政府參加APEC的宋楚瑜也無法，因為宋已是過去式，而柯P還大有未來，這是柯P的小聰明所在，與他過去需要在醫界菁英群中要靠點小聰明才能鑽出一條生路，極為相關。

回顧柯文哲在二〇一四年市長選舉前，他稱自己是「墨綠」的，當時，他説是為了證明連勝文的槍傷為真。事實上，柯文哲因為沒有受過完整的社會科學與兩岸理論訓練，因此，他腦中的兩岸統獨光譜與一般人認知的有所不同，對兩岸光譜上，自己被釘在什麼位置的認知，也與一般意義上的光譜不一樣，因此，柯文哲的墨綠是衝著國民黨說，是因自己為二二八事件受難者家屬而做的定位。

柯文哲對自己墨綠的認知，建構在祖父柯世元是二二八事件的受迫害者，被國民黨抓去關、去打，後雖回家，但病得不輕，逝世時連一套像樣的新衣都沒有，父親的升學受影響，他個人的感情也每遭摧殘，因此，柯P定位的「墨綠」，是衝著國民黨的「對立面」而說，非自己對兩岸關係的認定而說，從著名的柯語錄「我生平最討厭三樣東西：蚊子、蟑螂、國民黨」，也可略知一二，因此，若僅僅就柯P的「墨綠說」，就將其歸納為「台獨派」，不適宜也不正確。

二〇一七年，柯文哲於前往上海的「雙城論壇」上，發表「兩岸一家親」、「兩岸命運共同體」言論後，看風向的名嘴則群起撻伐柯的「與紅為舞」，這嚴重衝擊到柯P的「天然獨」年輕選票，就連他最在意的PTT輿論都開始對柯有微詞，被逼急的柯P才會在專訪節目《少康戰情室》中為自己辯護，直言「二二八事件受害家屬還被扣紅帽子，太好笑了」，二〇一八年更改口為自己說出「兩岸一家親」道歉，充分展現柯文哲的格局，務實到僅看眼前壓力與民調起伏，而非堅持中心思想與原則，一旦風向改變，也必隨之搖擺，這樣的領導人物不論是帶領台北首都，或甚至他覬覦的總統位，我認為對台灣而言都是相當危險而可怕的。

其實柯文哲腦中的兩岸關係，在其親自逐字增修的二二八演講稿中，就可見端倪，當中當然有溢美修辭的成分，不過，不妨看看。

二〇一五年二月二十八日「柯文哲二二八紀念日感言全文」

所有關心二二八事件的朋友們，大家好。

今天是二二八事件六十八周年紀念日，我和許多在場的朋友一樣，是以受難者家屬的身分出席這個紀念會。在我的印象中，每年的二二八，我的父親總是留著眼淚從法會回來。看著父親的眼淚，我很心痛。但是我知道，我的父親想到他的父親內心有更多的痛苦。

在一九四七那個悲傷的年代，台灣人民有不少人失去了親人、失去了朋友。台灣社會失去了一批菁英的知識份子，最後在台灣的歷史留下長期的恐懼、沉默和隔閡。在人與人之間築起了一道看不見卻冰冷的高牆，直到今天還在分裂這個社會。

做為受難者之家屬，內心當然沉重，但也因此讓我們更堅強。二二八的痛，有多痛？該是痛到無法言語。因為我的父親不願跟我講他父親的故事，他不希望上一代的痛苦，下一代繼續承擔。因此我是從照片認識我的祖父，從歷史認識他，從我父親每年在二二八紀念會的眼淚中認識我的祖父。

我的祖父柯世元先生台北師範畢業之後，在新竹的小學教書。不管是皇民還是國民，這些都不是他自己決定的。他只是一個台灣人，一個認真做事而且安分守己的台灣人。即使這樣也不能免於時代的悲劇，二二八事件發生時，也許只是一名知識份子的身分，就足以被清鄉的國民黨抓去關、抓去打，出獄後臥病三年而死，死的時候五十四歲。

祖父過世的時候，因已臥病三年，家境一貧如洗。我父親只有足夠的錢買一套新的內衣褲送我的祖父離開這個世界，在我祖父入殮時連一套完整的新衣服都沒辦法，這是我父親一輩子的遺憾。二二八事件造成上一代的家破人亡，也剝奪了我父親升學的機會，這是他的另一個遺憾。

二二八，傷害我祖父的生命，傷害我父親的人生，傷害我的感情。

一個二二八事件造成柯家三代人的痛苦，許多受難者的家屬應該也是有同樣的痛苦。在我參選台北市長初期，我的父親極力反對。他說：我在二二八失去了父親，我不要以後再失去兒子。為了這句話，讓我開始思考我們要留下甚麼樣的台灣給下一代？也因為這一句話，我下定決心參選。

台灣人要自己決定自己的命運，台灣人要做台灣這一片土地的主人！

四百年來，這塊土地的政府一直換，但是台灣是我們的故鄉，這個不會改變。我常說：我們改變的現在是下一代的未來。有真相，才有原諒；有原諒，才有和解；有和解，才有和平。不讓歷史的悲劇再發生在我們的子孫身上，這是我們這一代人的責任。

政府有公義，社會才有和諧，國家才有將來。親愛的朋友們，紀念二二八是為了面對歷史、還原真相，讓台灣社會重新站起、繼續前進。今天柯文哲以受難者家屬的身分參加這個紀念會，期待台灣社會不再有遺憾，而能充滿愛與和平。

謝謝各位！

二〇一六年二月二十八日「柯文哲二二八紀念日感言全文」

去年，我首次以台北市長的身份出席二二八紀念儀式，在致詞時想起祖父

表裏

柯P

在二二八事件受難，家族也因此事陷入驚慌之困境，祖父於事件後臥病三年去世，入殮時連一套新衣服都沒有，是我父親幾十年來的遺憾。想到家族過去的苦難不禁泣不成聲，久久無法自己。我為祖父的苦難而哭、為父親的傷痕而哭、為一九四七年那個悲傷的年代、不幸折損的台灣先賢先烈而哭。

過去每一年的二二八，是我最不想要面對的日子。我的父親每次在參加追思活動之後都流淚回家，身為人子的我不忍看到父親的悲傷，卻不知道該說什麼該做什麼。二二八，造成我和我的父親，以及父親和他的父親永遠無法彌補的傷痛。

去年我在二二八致詞時痛哭失聲，父親卻反而沒有流淚。我知道，在孩子脆弱的時候，父親會格外堅強，這是身為人父保護子女的天性。在那時候我也暗自決定從此以後，每年的二二八我們父子都不再流淚了，我們要走出悲傷的歷史。因此今年我以不同的方式，來紀念二二八。

我挑戰單車一日雙塔，從台灣最北端的富貴角燈塔到最南端的鵝鑾鼻燈塔，以五百二十公里的挑戰，從肉體的磨練尋求靈魂重新的救贖。過去，我們的淚水充滿怨恨，今天，我們以汗水開啟寬容與諒解的未來。

這五百二十公里的路上，我的汗水滴落在這片土地的一村一里。只有呼吸聲與心跳聲陪伴的路途中，我並不感到孤單，因為我知道祖父在天上看顧著我。當年他保護外省新移民，卻遭到國民黨政權的迫害，他只是一位小學老師，卻始終堅持台灣人的善良與勇氣，祖父的精神支撐著我完成漫漫長征。沿途加油打氣的鄉親，也給我最堅實的支持力量。汗水滴落過的鄉鎮，不再是地圖上陌生的名字，它們在我腳下親身踩過，從此它們在我的生命之中有不同的意義。

此刻我面向大海，站在台灣的最南端——鵝鑾鼻燈塔。南島語族的先民曾跨越巴士海峽到台灣開疆闢土，繁衍光榮而偉大的原住民族；漢民族也曾以勇氣克服黑水溝的風浪，來此創建新故鄉；身為海洋國家的子民，我們也透過太平洋走向國際，在全世界發光發熱。

台灣人要做台灣這片土地的主人、台灣人要決定自己的命運、台灣人要建立公平正義的新世界，這是我的信念和努力的目標。親愛的朋友，今天是二二八，身為受難者家屬的柯文哲希望以「寬容如海、成就台灣」與大家共勉，讓我們記取歷史的教訓但走出悲情。儘管我們可能有不同的過去，但讓我們珍惜共同擁有的現在，也希望大家以互愛互諒一齊邁向共同的未來。在這特別的日子，衷心希望台灣因為我們的努力而變得更好。

上述的二二八講稿，都只呈現了柯文哲認為的兩岸未來的「路徑」，即兩千三百萬人決定台灣的未來。但綜合他個人的理想與務實作法，究竟他認為的兩岸關係，應該往何處去？

「大陸可以接受的台獨」，這是柯文哲親口所說。

換言之，與「一國兩制」的概念不遠，因為台灣在客觀現實上是獨立治權的，只是結合大陸統台的意圖下，柯P希望找到一個比香港還要自由的「獨」的方式。

不過，這句話是喊不出來的，因為「大陸可以接受的台獨」一句話中，「大陸可以接受的」得罪台灣人，「台獨」得罪大陸官方，加以柯文哲也知道自己不要沒事捅蜂窩，因此，他在擔任市長時，並不會對兩岸的關係正式表態。

細究柯文哲的話，他清楚的是，「台獨」有多種層次與方式，但未必都能被對岸接受，因此，「大陸可以接受的台獨」是他在他腦中「獨」的方式，加上「大陸可以接受」，可見柯試圖在兩岸關係，找到的一個兩邊都可接受的「互有妥協」的道路，然而，隨著陸方越趨急迫的步調，與來勢洶洶的發展速度，台灣能拿上檯面談判的籌碼只會越來越少，一個兩岸都能接受的方式，達成的可能性，只會

越來越低。

事實上，兩岸關係簡單說，是一道內含三個問題的答卷，即「你是誰？」「我是誰？」「我們是什麼關係？」柯文哲知此，但他本身尚無足夠厚實的理論來談這三個看似簡單、實則關鍵的問題，因此，柯P頂多用一些人與人之間的互動模式回應，比方說，柯P曾說，「有僵局可以打哈哈」，「扮演不要讓大家那麼焦慮的角色」、「兩岸是Hello的關係」，兩岸的人聽來都無傷大雅，卻沒有實質意義，重點在滿足了柯文哲在兩岸上保有媒體話語權的機會，以及與對岸持續接觸的可能。

但即便是hello的關係，也突顯了柯P面對中國大陸是以「善意」為出發點，雖然很膚淺，但至少沒有挑釁與惡意，有了善意，後續一切都好談、都能談、甚至不需要設限、不需要有前提的談，至於要談些什麼、怎麼談，那就是柯P的未來功課了，不是他現在要煩惱的，客觀現實是，二〇一八年的現在，柯文哲也沒有可以使力的空間。

關於兩岸究竟是什麼關係？二〇一七年的雙城論壇上，柯文哲說了兩岸「床頭吵、床尾合」，此話一出引起台灣譁然，因為這代表兩岸是比「一家親」的親人關係更進一步的「同床夫妻」關係，不過，事後有個機會我問到柯文哲對自己這段發言的背後想法，柯倒是說了「有時候會講錯話，哈哈哈……」可見柯Ｐ事後意識到不妥，不過，也不好收回了，倒是那時引起陸方一陣樂開懷。

有趣的是，據了解，中國國家主席習近平本人對柯文哲是有好感的，對岸對台有關單位對柯文哲更是極為好奇，對這位高人氣的政壇新秀，絞盡腦汁地設法情蒐他、理解他，不論是官方或兩岸的民間專家學者，都經常性地到台北見柯文哲，像是上海市台辦李文輝，幾乎可說每半個月就來台一趟，柯倒也來者不拒，貫徹他「朋友要多，敵人要少」的思想，願意跟各方人士聊天，也願意以各種活動名義發出邀請，做人情讓上海台辦人馬有理由到台北，像是台北燈節盛大慶典就年年有上海台辦人士受邀參加，這些人當然是抱著試探柯文哲的兩岸政治態度而來，柯Ｐ也不拒於透露他的兩岸立場，就是「大陸可以接受的台獨」，而對岸也勢必如實地做成對台報告，向上呈報到習近平的辦公桌上。

可靠消息甚至透露，上海方面得知柯文哲有亞斯伯格症，聘請三位專門研究亞斯伯格症的醫師，廣泛調研柯文哲的各面向，特別針對其日常發言與思想，將柯語錄「轉譯」，包含柯Ｐ話語代表什麼意義？透露出的人格特質為何？對其做嚴謹的政治判斷，方便對其「定調定性」並做出妥適的行動。據了解，中國大陸方面，雖不敢篤定地對柯文哲定調為「支持」或「不支持」台獨，但能得出柯文哲「不像是個台獨的主張者」，以及洞見柯文哲的絕對務實主義，對柯文哲的方方面面仍持續觀察、調研搜集中。

除了官方台辦以對柯情蒐，作為對台工作上的記功嘉獎依據外，對岸也透過重量級台商及有關人等，接觸柯文哲，以協助他們理解柯Ｐ在想什麼、要怎麼跟柯打交道。比方說，柯與蔡衍明的交情匪淺，柯並不介意他是「紅派」，蔡旗下的媒體不但成為柯Ｐ訪陸前的獨家專訪媒體，二〇一七年的上海雙城論壇，蔡更是三個晚上連續成為晚宴嘉賓名單上的名字，與柯文哲同桌吃飯，從觀察柯與蔡的互動，能看得出兩方關係密切。

柯文哲會與中共「合謀」嗎？這個問題，也要從柯文哲的「超級務實主義」談起，而話到此，似乎也可以結束了。

因為當務實是一切，局勢演變成兩岸「合」會對柯文哲本身或整體有利時，我認為，他會傾向「合謀」，以務實面對對岸。

事實上，台灣在客觀事實中，注定敵不過對岸在各方面的國強優勢，現階段只要對岸稍有政策異動，就能對淺碟的台灣小舟起到震盪作用，何況兩岸冷凍在眼前、邦交國漸失，另方面，國台辦仍在二〇一八年二月二十八日釋出三十一項對台大利多，明顯拉攏台灣民眾，且這股軟力量勢必越來越多，而柯文哲若有機會成為總統，在與陸方「談」的一來一往過程中，以他的務實性格，注定造就他在兩岸關係中，不會有唯一且效忠的中心思想（不論是統或是獨），任何事情或都可以交換，沒有堅決擁護的價值，只有換來的東西價碼能不能接受的問題，就像柯文哲曾經說過的，自己是外科醫生，主張「結果決定論」、「政策怎麼變都可以，事情可以做就好」。

中共十九大會上，習近平工作報告提到了二〇四九年實現「中華民族偉大復興」的統一目標，在二〇一八年的兩會前後，也就對台人士上有了一番大調動，更加知台、知美，也更加年輕、靈活。

香港媒體《超訊》創辦人紀碩鳴，也在二〇一七年七月底發表文章指，「中國國家主席習近平要在任內解決台灣問題」，他並引述大陸學者提議，可試行「中華人民共和國台灣特別行政區護照」，也在廈門籌備了「中華人民共和國台灣特別行政區籌備委員會」，目的就是在嘗試台灣香港化。

文章繼續說，重要的是，「中國掌握一位深入了解台灣且作風強硬、勇於擔當的領導者，現在是條件最有利的時機」。這位人士的說法，放眼望去，在檯面上還與中國大陸有良好交誼、還能互動，在台灣內部也有民氣，又願意靠向對岸者，唯有柯文哲了。而據瞭解，中國國家主席、中共中央總書記習近平，身為對台工作領導小組組長，很欣賞柯文哲，在對台事務上一手控，在台灣內部的國民黨依舊不爭氣、沒出息的情況下，對岸寧可押寶兩岸立場上有「移動彈性」的柯文哲。

因此，名嘴曹長青在《政經看民視》節目中的說法，雖語出驚人，但具有一定的推論基礎，他指柯文哲若當選總統，將在三年內賣台，曹長青的說法引發網友熱議，也成為批踢踢焦點。我認為，他說的話不無道理，也是因為台灣民眾在一定程度上，也觀察到柯P「黑貓白貓，能抓老鼠的就是好貓」的務實性格，曹的這段話，必是觸動了台人的內心，才能在台灣引發一定程度的討論與共鳴。

柯文哲的「超級務實主義」也在歷次的兩岸「雙城論壇」中，有明顯的體現。

二〇一五年，柯文哲剛上任市長時，接受外媒《外交政策》（Foreign Policy）專訪，提出「兩國一制」，即台灣與中國為兩個國家，要共同走向「民主」制度，是標準的「台灣、中國，一邊一國」觀點。但二〇一五年赴上海參加雙城論壇前夕，卻能立馬提出包含「兩岸一家親」的「一五新觀點」、「尊重與了解九二共識」，二〇一七年還加碼「兩岸命運共同體」文字。

當時，二〇一七年在我隨同採訪的上海雙城論壇場合，我提問柯文哲，這樣的大轉變是柯文哲認為政治務實上的必須？還是柯對兩岸關係有了本質上的想法改變？我清楚記得，柯文哲毫不猶豫地回應，這是「務實政治」，這是變相承認他對「兩岸一家親」的說法，並非他本質上的中心思想，而是政治上的現實，讓他必須如此說，但他個人對此，是沒有政治上的喜好與厭惡的，因為兩岸一家親對他來說是一項「工具」，達到舉辦「雙城論壇」的工具，目的達到了，則工具隨時可拋。

在該場記者會上，同時有傾獨的《自由時報》記者，提問對岸針對台灣的前民進黨工李明哲遭陸方抓住關押的問題，只見柯將頭低下（這是他不自在的肢體表現），柯稱，該講的在台灣都講過，他們也非常清楚，有時候該表達就表達，至於怎麼做，對方自己會去思考。

柯文哲在上海的土地上，務實繞過此尖銳提問，避而不談，第二天（二〇一七年七月三日），國台辦主任張志軍就接見了柯文哲。

小檔案

柯文哲的兩岸「一五新觀點」

尊重兩岸過去已經簽署的協議和互動的歷史，在既有的政治基礎上，以「互相認識、互相了解、互相尊重、互相合作」的原則，秉持「兩岸一家親」的精神，促進交流、增加善意，讓兩岸人民去追求更美好的共同未來。

——柯文哲　二〇一五

柯文哲對「九二共識」的看法：

以台灣的現況，事實上不少台灣人民對九二共識的內容仍然是不太清楚的，包括過去的我。我想兩岸來往重要的是內容，而不是符號。

——柯文哲　二〇一五

同樣的，二〇一七年五月的WHA世界衛生大會，台灣因受到大陸壓力而未獲邀請，柯文哲曾擔任二〇〇〇年的台大醫院後援會總會長，絕對是醫界的領袖人物，特別是擔任市長後更有一呼百應的力量，但在當時，醫師們號召柯文哲出席「挺台灣進WHO防疫護全球」時，柯文哲拒絕出席，隔兩個月，前往上海的「雙城論壇」就順利成行了。這些都是柯文哲在兩岸政治上的絕對務實展現，這樣的務實，甚至可以讓他對自己一直以來支持的事情，有所妥協。

在二〇一七年的雙城論壇後，柯P接受TVBS電視台《少康戰情室》專訪時提到，「兩岸互信比交鋒重要」。對於在雙城論壇成行前，與對岸事前溝通講稿時，在字面上的字斟句酌，身為外科醫師的他，其實是很受不了的，他認為「差不多差不多就好了」。柯甚至私下表示，搞兩岸關係的人，「這樣也能吃飯喔？」「太注重文字細節了」「兩邊都很enjoy這個（文字細節）」，外科醫師實在受不了」，成為柯文哲在接觸兩岸關係時的有趣插曲。

二〇一五年三月，此時的柯文哲才就職三個月，在他第一次於府內召開的「大陸小組」會議，柯文哲在這次召集藍、綠、橘、商界人士匯集的閉門會上，他一開始致詞就表示，自己是學理科的，不懂兩岸關係，但兩岸幾乎已經陷入停滯，中國看到馬英九總統的民意支持度低，已不會對馬有高度的期待與積極的互動，而民進黨黨主席蔡英文在二〇一六有機會當選，當選後，若維持民進黨當前的態度與立場，兩岸要互動也很困難，所以柯文哲當場表示，希望自己在沒有政黨包袱之下，能為台灣找到一條活路，說不定有什麼地方可以突破；但在那場會議上，柯文哲對「九二共識」做出真是「一個頭、兩個大」的表情。

不過，基本上，在該場會議上，柯文哲一開始的態度就是希望雙城論壇可以辦得成，但沒有非要不可，亦即沒有一定要做出所有的讓步來舉辦，柯的出發點是表達善意、有些突破，他也自詡以「超越台北」的更宏觀想法來面對。之後，雖大陸小組少有開會，但柯在兩岸上的私下請益，還是有在暗中進行的，基本由他親自致電統獨派等不同意見，最後彙整出他自己的語言文字跟想法，因此，在柯Ｐ的兩岸關係對外發言中，總能見到「大拼盤式」的論述，當中隱含各路人馬的說法。

除了兩岸「雙城論壇」這個前市長郝龍斌開創的兩岸交流模式，柯文哲也力圖透過其他方式，突破兩岸關係，走出自己的成績，即便上任之初，他對兩岸關係毫無想法，就連兩岸能不能交流、哪些方面有交流的政治ＡＢＣ都不了解，但他有意在此長期著墨的企圖是明顯的，甚至柯Ｐ會自己上網查找大陸對台學者的兩岸有關學術論文、有關叢書閱讀，在論壇現場，接過陸方對台學者遞過來的名片時，柯Ｐ還能說出「我知道你，我看過你的文章」就可得知，柯Ｐ個人在這方面的用功，是不可否認的存在。

除了承襲前任郝龍斌在九二共識基礎下舉辦的雙城論壇，柯Ｐ也極力想要開創自己的交流管道。他於市長第一任期內，派新黨籍的副市長鄧家基，於二〇一七年六月率隊前往中國大陸，參加在廈門舉辦的兩岸「第九屆海峽論壇」。

當時，鄧奉柯文哲之命，向陸方試探與大陸廣州、廈門、重慶、天津、香港等重點城市，建立城市交流的可能性，進一步開創柯Ｐ時代的兩岸創舉。

不過，受到小英主政的民進黨中央政府對柯文哲在兩岸作為上的掣肘，在與中央協調時就沒了下文，柯Ｐ早先喊出口的「台灣－香港雙城論壇」也無疾而終，就連下屆雙城論壇的舉辦經費，在市議會審議時，都遭民進黨籍議員技術性從一百三十八萬元砍掉五十萬，剩下八十八萬，民進黨中央透過綠議員表達的含義不言而明：雖讓柯Ｐ續辦兩岸論壇，但綠營讓柯不要想「風光辦」的意味濃厚，黨中央對柯能接觸對岸是嫉妒的，一方面可以對外證明在民進黨領導下的政府並沒有完全斷了與大陸的官方聯繫，一方面又怕柯Ｐ與對岸建立太密切的交流管道，進而取代綠營，這些都是綠營不好說出口，但又忌憚在心的，柯文哲對此當然知之甚明。

隨著二〇一八年，陸委會主委由張小月換成了台大國發所教授陳明通，柯文哲心中則又燃起了成為兩岸中間破口的新希望，因為這位阿通與柯文哲在二〇一四年選前，就有交情，是幕僚幫柯P安排的「天王補習班」的講師之一，因此，柯P也暗忖著自己能作為突破者的可能性。

有趣的是，不只是柯文哲想當破口，台商們也希望利用柯的務實，增進兩岸關係，在上海遇到柯P的台商，也多會在國民黨籍議員的引薦下，上前去跟柯P攀談兩句，站在一旁觀看的我，也能稍微打探到，這些台商對民進黨執政下兩岸關係不佳的憂心，希望台灣「檯面上」的政治人物，能多一些支持兩岸的友好關係。

2

柯文哲與民進黨的曖昧離合

柯文哲雖在民調上還能維持高人氣，但與民進黨的關係與互信卻是與日俱下，其中一個重要原因，在於柯的嘴巴不緊。政治人物都怕，每每與柯私下見面或協議的事，到頭來就會被抖出來，中間的和事佬也不要想躲過，互信大損，因此，漸漸的，綠營的人不但不想當柯的傳話、接觸者，也漸漸學會柯的事「少碰為妙」。而到後來，就連柯文哲的幕僚也習慣了把中間人抖出來的柯文哲作法，媒體問及發言人劉奕霆的柯文哲封口緣由，劉也不避諱坦言，柯接受民進黨總召柯建銘建議，現在正在學習忍耐。

這在政治上可是犯了大忌！因為傳統的政治可不是這樣玩的！不過，換句話說，柯文哲把政治不照常規地玩，政界人士形容，看到柯文哲就如同看到川普與金正恩，讓這個池子激起很大的水花，相關人等第一時間不知所措，但後續還是得想出辦法應對這個有政治前景的柯文哲，因為大勢如此。

二〇一四年，柯文哲藉著民進黨的不提名禮讓，成功當選台北市長，在外界看來，柯似乎對民進黨有所虧欠，但實際而言，柯Ｐ當時完成了幫助民進黨籍市議員「一個都不少」的選上，因此，柯自認並不欠民進黨什麼，後續也才有與民進黨的一系列看似「分道」的作法。

柯文哲與民進黨的關係微妙，基本上，建立在對國民黨為「主要敵人」的架

構上，所以如果只有這一層考量，兩邊會無庸置疑地密切合作，然而，當國民黨始終不見起色、越來越不得人心，柯P與綠營統一對戰主要敵人的凝聚力，就出不來，好戰的柯P，自然要找個可以代替國民黨的敵人為鬥爭對象，這時，次要敵人民進黨，就成了他的主要敵人。

因此，柯與綠營在非對抗國民黨的其他面向上，兩邊都各有盤算，也有很大的分歧，加以柯文哲不是乖乖牌，他需要頻繁的媒體曝光與能見度，來號召沒有組織的廣大民眾支持，作為強化自身實力以與民進黨抗衡的本錢，就此注定了兩邊在沒有選舉的時候，摩擦多過合作，打打鬧鬧居多，也就經常性地出現柯P打鬧過火，引起綠營基層的不滿。

在民進黨尚未決定推出自家人選前，柯文哲始終清楚，民進黨與他的關係是動態中求平衡，他也深信，民進黨的底線就是與他合作二〇一八年的市長選舉，因此，基本無所忌憚，甚至有意藉由炒作他與綠營的關係，來獲得媒體關注度。

比方說，柯文哲於二〇一六年歷經一段媒體的低民調時期，當時，他在與內部幕僚的會面中，透露「好像應該要消費一下蔡英文」，隨後，也確實出現了一連串對綠營不利的發言，直到綠營檯面上、檯面下都勸說無效，忍無可忍，才透過無預警撤換身為柯 P 愛將的警察局長邱豐光，給柯 P 一記耳光，這對柯無疑是一次自尊之傷，因柯極力想要在警政體系中有角色力量，但此次顯然連自己的愛將都保不了，因此，只能繼續透過口水戰，出出氣。

當柯 P 在自家的警察局長無預警地被民進黨中央更換掉時，他說出了「國民黨比較客氣」，意指在馬總統時，他的警察局長還有自主權，拿國民黨來跟民進黨比較，柯無疑是在羞辱民進黨，他還一改過去稱民進黨是「好朋友」的關係，補槍「我不曉得現在和民進黨是什麼關係，感覺只是普通好而已」，不過，這些都只讓外界看到柯 P 的毫無辦法，以及急於爭一時的沉不住氣。

姚立明身為很懂柯文哲的解讀者，曾經表示，柯文哲對民進黨的態度就是「和而不同」，在實力原則下，柯在意的是自己的支持度民調，因此，不入黨，對柯而言，可以抓住最多的支持群，包括綠營及讓他的民調勝出綠營所有候選人的關鍵族群——「淺藍」。具體表現在，不論如何都會掉分的兩岸議題上，柯還是要開出一條新路，叫做「一五新觀點」，不同於藍營的「九二共識」，也隻身力擋獨派團體的壓力。

這群淺藍，包括因對過去的馬政府失望，由深變淺者，也包括本身就是淺藍的，更包括對蔡英文政府不滿，轉而寄希望於下一個可以拯救台灣的明星政治人物，柯文哲因此成為許多人的希望，開始思考：「如果跳脫藍綠，會不會好一些？」

因此，在柯的心理，他希望，在與民進黨部分合作下，展現出走自己的一條獨特路，不受拘束，就算要與黨接觸、與深綠選民接觸，柯也要透過信任的人如柯建銘介接後，「親自」接觸，而非透過與「黨組織」的關係去接洽，如此，才是牢固的關係，而非隔了一層的關係。與扁的接觸與協助扁向小英政府呼籲特赦，當然也是為了抓牢深綠選票，這點，政治中人都會理所當然地如此解讀。

對於二〇一七年觸礁的「台北－上海雙城論壇」，親自喊話友善言論，希望陸方放行，也是一種要自己與大陸建立管道，不倚靠熟悉陸方的綠營或藍營人士，而事實是，民進黨與對岸的冷關係，正好讓柯P思忖著自己能在當中積極得分、取代民進黨中央政府，與對岸交往。

不過，他也不敢公然與小英政府槓上，當賴清德喊出「親中愛台」令各界嘩然，甚至，總統府跟進賴清德，講出「看法一致」，綠營各路諸侯紛紛喊出親中、知中、友中等友善言論時，柯文哲也恰似民進黨內的一員，喊出「友中、親美日」呼應，明顯地，從中藉機撈到因雙城論壇卡關的放話機會，也與小英政府呼應，表現出「我還是跟你一路的」或「我們還在同一個頻率上」的態度，是柯文哲的投機，也是柯文哲的小聰明，更是經過他盤算後，不敢與民進黨全然背離的生存方式。

柯文哲對民進黨的矛盾心情，以及只願當大尾的性格，毫不避諱地展現在他的作為中，表現在台北農產運銷公司的人事爭奪戰中，由偏藍的雲林大老張榮味長期執掌的北農，因國民黨在台北市及中央首長的雙雙落馬，面臨人事交接的爭奪期，張榮味找上柯Ｐ，只需一句話，形容柯文哲是「民進黨的細漢」，就根本地戳中了柯文哲的要害，遭當場看破的柯Ｐ憤怒異常、面子損傷極大，也才有後續在與民進黨的人事合作上，柯Ｐ明顯的搖擺，不時弄一下民進黨，好洩心中怒氣，更為了彰顯自己的主體性。

之後，也包括在基隆輕軌上，批中央規劃都還沒決定好，就要編錢；前瞻計畫，只想要花錢，時行政院長林全回批柯Ｐ不厚道，柯Ｐ還要繼續回，「因為每一拳都打在要害上」。從這些細處，都看出柯Ｐ性格中極為要強，更是沉不住氣，不願在任何時候屈居下風，這時的他，倒與美國總統川普有幾分相像。

不過，也因此讓他嚐到一些苦頭，在與民進黨公開打口水戰期間，他曾私下要約見蔡英文與林全，都遭拒，即使在政壇上時而如走鋼索，柯文哲依舊知道有哪幾位 key person 得保持住關係，像是在二〇一四年，就是由洪耀福居中幫助柯組織選舉團隊，二〇一八年也同樣需要洪的「組織票源」協助。

於是，柯 P 於二〇一七年一直「盧」民進黨秘書長洪耀福，稱要見面「談世大運」，洪鬧不過他才見面，卻也在這次見面中，柯文哲主動提到中國大陸方希望副總統陳建仁不到場，換取中國隊出席閉幕式，還向洪耀福提出，請民進黨在世大運場合克制獨派的行為，不要在現場揮舞台獨旗（事實上，世大運根據奧會模式，並沒有規定不能拿），事後透過媒體傳出會面內容，讓柯頓時面臨輿論罵聲一片，也算民進黨藉機再度修理了一次柯 P，雙方的互信關係日趨低落，往後，也只有血淋淋的共同利益下才有的合作關係了。

因此，柯 P 及其幕僚團隊，也不得不讓自己有多點實力，好應對接下來的挑戰，對於這點，柯及其幕僚團隊是精緻地在為訴求選民做分析的。

柯文哲從網路出身，自然吸引到廣大的年輕族群喜歡，因此，年輕人的「天然獨」或「天然台」選票，他是握在手中的，至於年紀偏大的「本土獨」，特別是因為二二八事件而獨的一群，柯 P 因其身世經驗與這群人同，也能獲得多半的認同。

最難的是透過美國力量來讓台灣壯大的「美國獨」，這群人因柯Ｐ到中國大陸後，喊出「兩岸一家親」、「命運共同體」，對柯反彈極大，柯想要拉攏有較大的難度，有趣的是，這群人是蔡英文上任總統後的主要獨派支持群，因此，可以說，在本質上，柯與蔡的獨派支持群，有根本上的差異，無怪乎二〇一八年提名前夕，許多基層選民要求民進黨必須有力制衡柯Ｐ。

至於在藍營選票方面，柯將重點放在「經濟藍」、「本土藍」、「外省藍」及「公教藍」，於是，可以看到柯Ｐ走訪商圈，訴求經濟好轉；與地方藍營大老張榮味勢力合作、與藍營本土議員交好；對蔣經國的歷史定位給予稱頌，訴求外省及公教人員的認同。

對柯來說，在政治的局中，不論有沒有他的事，放棄行動，從來不是他的選項，而與其任由事情發展，他不會甘於在其中沒有角色，因此，不時就要放砲刷存在感，但每一盤「鬥」的對象又都不一樣，與各方的關係時好時壞，沒有固定，因此，形成柯文哲開的每一盤政治戰鬥，都得重新估量敵人與合作夥伴，在這一盤中，敵人是誰？朋友是誰？以及要用多少力度資源打每一場仗（注意！口水仗也是戰！）。

比方說，柯文哲在前瞻上，稱中央只想花錢，此時他的隊友是偏藍的支持民眾，但並非國民黨內的立法委員們。在時代力量批世大運中竟以「中華台北」稱呼時，柯的隊友是獨派人士，當柯文哲稱國民黨「猴腦」不讀書時，此時的夥伴又變為民進黨。場場戰局的敵人與隊友都洗牌重來，幕僚稱看到一夫當關，霸王別姬，但看不到團隊集體的力量，就只有柯文哲一人前前後後地跳，這邊放一把火、那邊燒一下，議題持續力也因此只能燒個一、兩天，甚至一時就結束了。

柯文哲與蔡英文兩人互動不佳是事實，除因兩人的身分特殊構成的敏感，也在於兩人的性格並不合，鬭起門來，柯與人相處上，是非常talkable，什麼都可以亂聊的人，就像是鄰家願意與任何一個路過的人喝茶聊天的阿伯，而蔡卻是個相當細緻的學者性格，謹慎的程度還一度讓柯文哲覺得這個人怎麼這麼囉唆、拘泥小節。

加以有亞斯伯格特徵的柯文哲，對人的依附性高，與蔡沒有淵源，沒有革命情感，自然對蔡不會有信任感，幾次與蔡見面聊天也不投機，他覺得蔡很難聊。更進一步，柯是極度看不起蔡英文的，除柯P天生的自傲，文人相輕，也在於柯認為蔡有什麼資格當上台灣的總統，是柯的吃味情緒。

兩人間經蔡英文首肯的正式聯繫管道是有的。在一場蔡、柯與幾位核心幕僚間的小型聚會中，談到兩方中間的聯繫人時，蔡隨手比了身邊的國安會副秘書長陳俊麟，陳是民進黨內的民調操盤與分析第一把交椅，屬新潮流系統，曾在病榻前被柯文哲從鬼門關拉回來，因此，在二〇一四年的市長選舉中，也為柯文哲提供不少民調方面的建議，選後，對民調非常有興趣的柯，也常找來陳到市政府內，協助民調解讀。

蔡、柯這場見面的重點不在建立身邊聯繫人，蔡的隨手一比，意味著其實並不樂於與柯文哲建立真正解決事情的管道，而陳俊麟從頭至尾，也確實僅及於行政上的聯繫，無更多政治上協調的功能，知情人士指出，蔡的態度似乎只在於不要站上第一線與柯聯繫，因此隨意比了一下身邊人作為代替，而柯在場面對總統的決定也沒有特別表示什麼，形同同意了。

世大運過後的高民調沒有持續多久，柯文哲就因一年一度的重陽節到來，為了撫平老人家對他取消重陽敬老金的不滿，頻頻接受電視專訪，在柯的口無遮攔下，抱怨了著名的「雙城論壇講稿」事件。

柯文哲接受電視專訪表示，世大運和雙城論壇都不是台北市自己扛得起來，但中央就放給台北自己去處理，「有時候想到實在是〇〇××，這哪是台北市可以自己決定的？」他還爆料，出發前往雙城論壇前，講稿都送到國安會，但「國安高層卻放我自己去跟阿共仔對付，等到出事了，就拿這個來攻擊我。」柯文哲說到一半還突然哽咽，表示當時飛機才剛落地，一打開手機就看到陸委會攻擊他的發言，讓他非常難過。

不過，此話一出，總統府立刻透過發言人林鶴明強力回擊，稱政府人員前往中國大陸地區，依規範是經內政部審查申請許可，而非國安會，柯文哲則又稱，國安會曾派人到市長室，拿取雙城論壇講稿，是透過蔡壁如與國安會接觸的。

柯市府高層確實曾將講稿給小英指定作為橋樑的國安會副秘書長陳俊麟看，但陳也只是看過，若要報往會內，需要市政府正式的公文來函，但柯沒有這樣做，該案也就僅止於陳本人看過，但以柯的神邏輯，陳代表國安會，因此，才會講出國安會放他一人的說法；事實是，確實沒有白紙黑字的文件進入國安會或陸委會等中央單位，而給陳俊麟看的稿件，也不過是柯P在TVBS電視台專訪中的講稿內容，並非真正前往上海公開的演講內容，換言之，柯P不但不老實，嘴巴口快的結果，還硬要將錯誤推給他人。

此事爆出後，總統府與柯市府間有了中間人來回穿梭，要柯就此事別再戰了，對柯下了「封口令」，果然在之後幾天，柯的公開行程，都罕見不接受媒體訪問，也因此該事到了後段，兩邊的發言與聲量都有所退縮，媒體也自然沒有話題可接續發揮。

若以柯的最後說法，「兩邊都沒有說謊」以及柯在幾次出訪上海與國安單位的互動來看，可以非常確定的是，柯市府至少會將要對外講什麼的大綱告知中央單位，而中央不願意承認這件事，恐怕與柯文哲以該次論壇發言「兩岸一家親」為眾人熟知有關，若中央承認有見過該講稿，則形同間接向全國（尤其是獨派）承認，認同柯文哲的「兩岸一家親」對外發言，那後果還得了！

柯文哲講出兩岸一家親及阿扁裝病後，並非沒有對得罪獨派有所忌憚。負責政策的參議李博榮，曾為凱達格蘭學校的學員，開始頻繁走訪如北社、凱校等在二〇一四年大力挺他的獨派系統，希望能持續爭取支持，凱校的人，依舊對柯P恨得牙癢癢，蔡壁如在二〇一八年初，替柯文哲出席里長、基層組織餐會尾牙時，基層對蔡說出對柯的種種不滿，令蔡頗為擔心二〇一八對柯P造成的影響。

隨後發生了警察局長邱豐光遭中央無預警撤換一事。在三立電視台的「柯P我問你」專訪中，柯文哲親自透露，內政部長葉俊榮於二〇一七年九月十九日晚間六點三十分左右，到他辦公室說明要將邱調職到警政署任副署長，柯當場表達反對，「我就當場跟他發脾氣，我說你是來通知，還是來跟我商量的？」但警政署依舊對外發布新聞稿，讓他在第二天的議會質詢中，受到議員的抨擊，讓直言如柯Ｐ說出「完全就是沒在管你，太爛了實在！」

事實上，這件事擺明了是民進黨高層藉此機會，一次性地好好回弄柯文哲，但柯在回應媒體時，選擇幫當時剛上任的行政院長賴清德劃清界線，稱「叫他們黨政高層出來回答吧！因為賴清德也不像這種人」，因為身為醫生的賴是難得在黨內可與柯溝通對話的人（有同質性高的特質對柯很重要），而柯Ｐ在每一場戰役中也認為，需要搞清楚主要敵人為何，才能放在心上，作為日後「反將一軍」的籌碼。

因為根據往例，地方警察局長的人事一條鞭，人選是由警政署給地方首長名單，經首長勾選後中央核可任命，二〇一四年柯文哲上任前，就是由中央給予二至三個人事名單，但柯有自己的想法，所以跳脫該名單，欽點了台中市警局長邱豐光北上任職，馬英九中央政府基於尊重，也就同意了此項任命。但在這次的警局長任命中，不但沒給予名單，還在前三十分鐘前才告知，以柯文哲不願意被「小看」的性格，當然不能接受，因此，在後續有了一系列的杯葛。包含中央派來的新任警察局長陳家昌的上任不出席，葉俊榮在孔廟大典上向柯文哲示好拜會，柯狠賞閉門羹等。

不過，雖說柯文哲遭到民進黨的夾殺，從二〇一七年九月份的民調看來，民眾對台北市長柯文哲的人氣熱度達六十六·七五度，勝過新閣揆賴清德的六十三·四四。游盈隆認為，柯文哲雖在市政上表現不亮眼，但講話無厘頭，敢於指責中央執政者，像是前瞻、一例一休等，與傳統政治人物的言語乏味不一樣，全國民氣才會這麼高。

即便民進黨打擊柯文哲，在多數的外界民眾看來，未必會因為民進黨的出手而與民進黨同一個鼻子出氣，恨黨所恨，因此，沒有原本支持柯文哲的選民大幅更改他們的支持喜好；換言之，這顯示了，對民進黨忠誠到不行的民眾，似乎沒有那麼多，選民更多是看「人」選擇支持對象；再換言之，柯文哲的民調高低，更多地受到他個人的作為影響，而非「外力」影響，柯文哲也一貫地踐行「打不死我的，必使我更強大」思維，持續發揮他阿信的苦幹精神！

柯文哲本人是知曉這個情況的，因此，柯相當賣力地在衝市政，每天依舊七點半開始晨會，更給了各局處不少壓力，甚至要求局處於二〇一七年十一月就要提送下一個執政四年的政見初擬報告，可見柯文哲對下一任的認真，當然，也包含著面對下一屆來勢洶洶的各黨派候選人，是否會選上的焦慮憂心。

而雖說民進黨內許多大將對柯的猛攻是恨得牙癢癢的，基層也多有反彈聲浪，但在民進黨九月二十四日的全代會上，黨中央還是做出了在台北市保留「柯文哲條款」，將首都的提名權交由黨主席蔡英文掌握，而非民調，讓蔡英文決定柯文哲生死，也代表了柯文哲與民進黨的打鬧關係，仍在「可控範圍」內，柯文哲則自稱不是「打不死的蟑螂」，而是「打還沒有死的蟑螂」，「打一打民調還是會死掉」。

不過，隨著柯文哲執政日久，中間人多半已不再樂於扮演中間人，因此，柯與民進黨的溝通也顯得愈發困難，直到柯文哲自爆去見了民進黨的大頭蔡英文。

「你的道行有比李登輝高嗎？」

二〇一八選舉年初，四處拜訪遇到獨派大老的柯P，都會下意識地問一句話：「你有比李登輝厲害嗎？」

他說這句話的背景，出自李登輝在二〇一七年台灣教授協會的募款餐會中，主持人鄭弘儀問全體與會者：「反對兩岸一家親的舉手！」當時，在場的無一不舉手，李也舉手，鄭接著又問：「二〇一四年有投給柯文哲的人舉手！」李登輝沒有舉手……「現在還支持柯文哲的舉手！」李登輝才又再度舉起手，最後鄭弘儀開自己玩笑說：「支持鄭弘儀的舉手！」李登輝笑著舉手。

柯文哲事後私下談起這件事，不斷強調「李登輝是毫不猶豫舉手支持」，「鄭弘儀本來想說要罵柯文哲，結果問支持柯文哲的人舉手，這個人毫不猶豫的舉手，哈哈！毫不猶豫喔！」柯文哲向我表述這件事時，顯得相當得意。

接著，他問了一埋在他心中的幾個關鍵問題：「你的道行有比李登輝高嗎？」「那你有沒有想過李登輝為什麼會舉手？而且毫不猶豫舉手？因為你的道行沒那麼深嘛！」他將李登輝的舉手，歸因於李腦袋裡打轉的東西，非泛泛之輩能夠理解。

柯P接著解釋，「這種國家的事情哪裡是要跟你們這些人講的！共振吼，腦袋頻率接近才有辦法共振。台灣應該怎麼走，人家自有想法，你的道行不夠，你在那邊……」言語中表露出有意打臉鄭弘儀的爽快，「台灣處在困難的國際有他的問題要解決，我們要聰明的度過去，不是義和團的度過去」。

在選舉年的初期，柯P雖已遭獨派及綠營基層謾罵不已，他心中也不是沒有擔憂，但柯試圖在之中尋找可以安心寧神的線索，他告訴我，即便這樣，二〇一八年一月官方民調中發現，仍有五十八％的支持度，他嘴上說著，民調依舊高，「影響不大」，不過，以我的觀察，聽起他的話，總是能感受到那麼點猶豫。

雖說，他嘴上表示對獨票流失無忌憚，世大運後，陸續發生的「中國新歌聲」引發的濺血事件，柯因在此事上被認為向中國大陸傾斜，引發不滿。柯文哲則是每天晚間九點回到家時，電視從四十九台一路播到五十六台，一路看政論節目的批評，清一色罵他「紅」；他事後自嘲：「看到一半的時候連我都懷疑我是共產黨，而且是從大陸派到台灣潛伏的，第二天還可以正常上班，這不太容易！問題是，能擋得住的，沒有幾個。」不忘在自嘲中硬要誇讚自己一番。

面對這樣來勢洶洶的批判，柯的內心不是沒有波動，他會尋求政壇前輩的意見。

「有一次我去見史明，我問他，媒體每天都在抹紅我，你有什麼看法？」他說：「不要緊啦！我以前是共產黨，我以前鄧小平是我長官，習近平爸爸習仲勳是我同事……」，他說「你安啦，你安啦！」從這一點也看出，柯較不會把獨派枝微末節的人的建議放眼裡，他將自己打交道的對象鎖定在大老級人物，諸如史明及李登輝。

有趣的是，獨派人士還告訴他，「我覺得你跟賴清德都是台灣將來最有可能的人物」，柯在向我陳述時，大方表示「那不錯啊，賴柯配怎麼樣？」可見賴、柯配選項，他是這麼考慮過的！

柯文哲與民進黨議員的互動

越是沒有自信及越需要靠柯文哲的人，就越能看出他們內心對「柯文哲因素」的焦慮，最直接的就是綠營市議員們了。

「市議員」始終是個很有趣的職位，在職責上，要監督市長，但在選舉時，又需要市長協助拉票，發揮母雞帶小雞的效果，特別是市長人氣還居高的時候，同時，議員又得回應第一線選民的期待，不論是對市長的抱怨或支持聲音，進而在媒體前，展現出態度。

因此，顯而易見地，台北市的民進黨籍市議員，隨著柯文哲的聲勢起落，在媒體前對柯的態度也跟著起落，柯的聲勢大好的時候，則黨內人士僅能輕輕地拍打柯，提醒提醒柯該注意的事項，綠營議員們深怕遭到網民（選民）圍剿。不過，在柯與民進黨關係因柯的嘴上猛攻而狀況不佳的時候，市議員就呈現檯面上與檯面下的兩樣情，政治的現實與虛假一覽無遺。

比方說，雙方關係最矛盾的時候，要算是雙邊利益衝突最大的時候，也就是「大巨蛋案」。柯文哲才為二〇一六年民進黨立委選舉輔選不久，總統蔡英文都還沒就職，綠營與柯的關係就急速冷凍與緊張，柯文哲在大巨蛋案處理得「二二六六」，懸而未決，不得民心，就連被柯P稱為「市政盟友」的民進黨議員，都得由報紙上得知大巨蛋最新進度，認為凡事都被市府蒙在鼓裡，柯顯然沒把綠當「友軍」對待，資訊也沒有比藍營議員多，甚至把政治上的好處做球給藍營，要說綠議員與藍議員在向柯P「爭寵」，也不為過。

不過，柯P確實對綠議員沒有特別的好處，以致這些名義上的「盟友」在選區走動時，頻遭選民酸「不是跟柯P一起的嗎？怎麼什麼都不知道！」「有沒有在監督啊？」不僅難向選民交代，更難為柯辯護，因此，黨團一度對外放話，要「切割」柯文哲，讓他也嚐嚐「不好過」的滋味，但都僅止於放話與作秀。

綠營市議員當中，又能分成好多派，最大的要屬新潮流與謝系，新潮流系包含李建昌、周威佑、許淑華、梁文傑、簡舒培，而謝系在謝長廷被派到日本擔任大使後，派系形同在國內真空，取而代之的是由三立電視台董座林崑海執掌的

「海派」，吸納了原屬謝系的非嫡系議員，包含劉耀仁、林世宗、陳慈慧、顏若芳等人，與當時的民進黨市黨部主委黃承國共同結盟，籌組「海國聯誼會」，各種資源、人脈、力量匯聚，讓海派躍上議會第二大派系。柯文哲在骨子裡是憎惡新潮流系的，畢竟新潮流在二〇一四年並不看好柯，相反，海派則務實得多，與柯有更多互動。

民進黨議員與柯 P 的關係，總是要在「良好的監督者」及「最佳合作夥伴」角色中游移，但不論更靠近衝突或合作光譜上的哪一端，「不讓國民黨再藉由台北市長還魂」及「不製造未來與國民黨候選人競選時的不利因素」，始終是兩個上位指導方針，只是民進黨議員內部也多有「不甘心」的聲音，試著在做最後程度的反彈掙扎，不過，最後顯然都只是合作大局下的輕描淡寫。

比方說，資深綠議員李建昌，就曾在黨團閉門會議上詢問：「到底黨與柯是不是穩定的同盟關係？」李慶鋒則認為：「民進黨要這麼挺柯嗎？又不是柯的立法局……」還有議員提：「難道民進黨議員是柯文哲的細漢嗎？」這類的路線之爭，貫穿在柯 P 執政的四年中，沒有停過，但最終，議員們都僅止於泛泛討論，無疾而終，因為儘管柯文哲如何在數場與民進黨的合作中「調皮搗蛋」，卻仍舊是合作大於撕破臉，最多就做做媒體功夫，柯文哲看著民進黨議員們對他的批評，也只是緘默不語。

隨著每次綠營議員與柯文哲在議題或預算上合作完畢後，綠議員每每「儀式性」地的先喊出「黨團對柯太好了！」再喊出「柯不要以為下次會這麼幸運」，綠議員對柯「先邀功、後脅迫」的話術，形同是為下次合作奠定基礎的同時，不忘保留隨時與柯「撕破臉」的破口，綠選擇這樣的恐怖平衡，意外地讓不入黨的柯，總能僥倖行走。而也因為總體路線沒有決定，綠多數時間仍用 case by case 決定對柯的態度與行事，這是黨極為務實的考量，倒也造就了柯 P 可以在這之中獲得更大的決策空間，因為綠議員再怎麼樣，也不至於會選擇跟國民黨議會黨團站到同一陣線，柯文哲的政治空間無形中就能拓開。

二〇一七年尾，最後一個預算會期，面對由柯 P 派來的民進黨籍副秘書長李文英，拜託議員們透過黨內分配進入議會的委員會，拿下「財政建設」與「教育文化委員會」的「召集人」位子，好主導包括柯 P 的「市場改建」及「台北藝術中心」等重大預算，但民進黨議員不埋單，讓兩召委大位都由在野的國民黨拿下，也算是民進黨議員透過此次互動給柯 P 的一次小難堪。不過，倒也無多大傷害，綠議員對柯 P 的反制，最多也就止於此罷了。但柯 P 反倒能運用派系的力量，攏絡派系頭，讓麾下的派系小兵，在預算給予與媒體前的言詞評論上，都對他多點溫柔。

部分投機的議員，依舊會在檯面上罵柯，媒體前公開痛宰柯文哲的台大「中國新歌聲」事件處理不當，檯面下又跟柯Ｐ「好來好去」，在選民面前作勢打電話給柯文哲，隨call柯文哲到自己的飯局，彰顯自己很「罩」、接近權力核心，也藉機跟柯文哲索要行政資源，喊砍柯Ｐ第二預備金說是為市民把關市庫同時，也不忘私底下跟柯Ｐ伸手要金庫的錢……這些，柯文哲看在眼裡，在公開質詢時的面部表情，也都顯示他知曉議員的把戲，對議員骨子裡在玩什麼花招，更是了然於胸，讓他們吃點口舌豆腐不打緊，不去戳破罷了！

柯文哲二〇一七的預算會期，與民進黨議員的互動，只有更加緊密。柯是聰明人，看準了議員就是得靠他的行政資源謀求連任，且自己還是有政治魅力，大家不可避免地仍需要他站台，面對議員口頭上抱怨、脅迫不讓站台，他也不予回擊，給予他們抒發的管道，在市政上該同台出現時，他也大方出現，好讓真正需要議員幫忙、協調事情時，有著力的點，卻也依舊保持自己繼續攪亂台灣的政治水塘，把政治不按常理、不同以往地「玩」著！

3

柯文哲與他並不認同的三一八太陽花學運

是的，正如柯文哲自己所說，這個社會「拿鐮刀的太多，拿鋤頭的太少」，但如果要說太陽花學運單一最大收割者，那絕對是柯文哲莫屬。

公民運動在台灣如火如荼，但在柯文哲的心裡，並不認同這些上街頭者，就像許多受傳統教育的保守父母一樣，柯文哲當上市長後，他更覺得這群人帶來的「亂」，給他造成很多困擾、麻煩，甚至害他歷經一次又一次警察執法不當的政治風險，不過，當需要這些社會運動帶來的後續效應時，柯文哲會毫不考慮地收割。

二〇一四年太陽花學運就是最好的例子。當時，與學生有多起衝突致傷，太陽花學運期間擔任現場指揮官、中正一分局局長方仰寧，因以水柱灌射群眾、強勢執法，致有抗議者受傷，也和抗爭學生發生口角衝突，引起眾怒。

方是柯文哲在台大醫院時期的舊識，兩人相當要好，中正分局周邊時常有抗議及夜間意外發生，發生在方仰寧管轄區的受傷民眾，分局也自然而然地送到台大醫院救治，因此，柯與方是相當熟悉，甚至是有交情成分的朋友，甚至柯文哲說過警界的唯一好朋友就是方仰寧，能被柯認為朋友的，是極少數。

二〇一五年由發生發起的「反課綱」事件，柯P在回應外界時，也是首先稱「這件事應該由總統、行政院長出來表態，不是讓下面的人陷入爭議中」，柯還不忘補充，他在台大醫院當醫生時，唯一認識的警察就是中正一分局局長方仰寧，太陽花學運後，方成為一個人背了四十六個案子的被告，政治問題卻讓基層去扛，柯在言語中，為方抱屈的味道濃厚。兩人的好交情，也由此可見。

柯文哲雖在三一八事件中，多次低調現身被佔領的立法院，為學生加油打氣，但在受訪時，卻常以最能彰顯人道而又中立的「醫療站人力不足」為理由現身，並稱許多在場醫師都是他的學生，將自己置放到了道德的高點。

面對媒體追問現身的目的，柯也從來不會背著自己的意願，說出支持學生云云，探究原因，主要在於他骨子裡並不認同他們，也就不難理解他會說出：「與其說我來聲援學生，不如說我是來抗議黑箱和不作為。」

站在這個點上，也讓不分年紀與藍綠的人，沒有理由反對他的出現，因為，反對柯，就相當於「支持黑箱」，這一點，柯文哲團隊是相當具有小聰明地將人引入兩極零合的思維中的，不但安撫了在場焦躁且需要內心力量支撐的學生們，也讓外界不好說什麼，更甚者，在臉書上呼籲「轉守為攻，出關播種」，不但替難收場下台階的太陽花學生們找出路，也在這麼具有媒體焦點的運動中，讓人忘不了太陽花有他的參與支持，自己得以獲得高曝光度。

柯文哲骨子裡是高度支持「貿易自由」的，以他的右派思考，對中的服貿協議應該通過，並沒有不對，甚至在柯的務實性格中，他支持與中國大陸往來貿易，這一點從之後與對岸的「一家親」互動也可看出。

就在學運發生期間，檯面下，柯文哲與當時遭學生撻閥的方仰寧，私下見面，見了面就是一陣互相取暖，柯 P 還不惜開幹三一八來亂的學生。差不多同時，柯文哲私下也與白狼見面，而在二〇一七年發生「中國新歌聲」由白狼領導的統一促進黨甩棍打人的濺血事件，柯文哲在受訪時，僅說北市每年一千一百多場陳抗，「平常心」處理即可，並不對白狼動用拳腳，甚至口出「打得好」言論，給予撻伐，都是與柯 P 和他有私下交情有關。

柯 P 選戰時的輿情部主任李冠毅，也早就看出柯 P 的這一點，他曾透過二〇一四年選後出版的《翻轉》一書表示：「柯 P 本人並不是完全承接太陽花學運所強調的那些價值，他對這些公民團體的主張，一些比較激進的看法，例如說同志人權……等，他的態度其實是保留的、不表態的，或者他真的是不認同的。」

這一說法，實際對照柯文哲的公開發言，包含太陽花運動中的學生因佔領立法院遭起訴，在二〇一七年全數獲判無罪後，相較於在法官或學生的立場中擇一支持，此時的柯 P，不願意得罪任何一方，他巧妙地閃過表態的危機，對媒體稱說，「不正常時代的不正常作法，只能視為台灣在國家進步過程當中，遇到的一個波折」。

這樣的回答，讓他內心真正不支持太陽花運動的種苗，不至於被外界發現，卻也沒有說謊，以政治公關的角度來說，是一大妙招，但對公民良性地理解一位市長來說，相當不利，也具有一定的欺騙性，柯文哲的諸多迂迴言論，讓他能輕易地閃過反彈危機，卻可憐了所有看不到柯文哲真面目的選民，而柯文哲確實用這些招，在二〇一四年擄獲許多激進左派、通常為學生群的選票，但抽絲剝繭後卻能推敲出，他是一位披著左派外衣的右派忠實支持者。

就像他的幕僚所說：「柯文哲繼承或承接了部分太陽花學運的主張，但他不是太陽花學運的代言人，也不是太陽花學運宣揚的價值和主張的實踐者。」只要當下運用一點政治公關技巧，給人恰似很支持太陽花的「感覺」，投完票後，到底是不是，都不重要了，選民只能接受這樣的人，一接受，就是四年。

同樣的情況，也表現在柯對其他社會運動上，柯身為醫師，本身未必贊同同志婚姻合法化。以柯Ｐ的醫生視角，生物本是一男一女的結合，同志在一起，柯文哲很難接受，但媒體一定會問及他對此事的看法，而他本人又不願意講自己不認同的事，為了不掉選票，改以「看同志親嘴不舒服，但干你屁事」一語帶過，貼合了年輕人的話語，卻能掩飾他根本上的想法。

第四章

柯 P 和你想的不一樣

自古以來，掌握權力者，掌握制度；掌握制度者，掌握資源；掌握資源者，回過頭來鞏固權力。

1

柯文哲與新聞自由：從測謊、殲滅到封殺記者

柯文哲是少數行政首長中，凡出席公開場合，都會接受媒體訪問者，加上他的人氣在初入政壇時，與蔡英文總統不相上下，但與蔡英文總是對媒體的受訪謹小慎微，柯文哲受訪次數可說相當頻繁，每天的晚間新聞自然由他攻占最多。

起初，柯文哲在二〇一五年剛上任市長時，每日仍照幕僚依選戰時的安排受訪，認份操課，但隨後，柯本人開始對日日面對媒體感到不耐，要求幕僚將其受訪時間簡短或刪去，因此，在他上任的第一年，受訪次數有一段短暫的時間減少，但隨後又回復到幾乎天天受訪的狀態，以我個人的長期觀察，這與柯文哲越來越能適應媒體生態、搞得清媒體要的是什麼有非常大的關係；換言之，與其讓整天勞勞碌碌、尋找題材的媒體消費他，不如「反操控」媒體。

民眾對柯 P 的失言相當地包容。這一點，柯文哲的幕僚也都感到意外，市長室主任蔡壁如就曾表示，從民調看來，民眾對大巨蛋、取消重陽敬老金都很有意見，民調中各掉十五%，唯獨對失言包容度很大，而且越來越大，反倒在民調上反映不出失言造成的波動，這件事連蔡壁如也覺得很奇怪。

而事實是，從柯 P 在選前選後的女性坐櫃檯說、進口外配等明顯失言，外界強力要求他公開道歉，到執政一年後，不論是記者或民眾，對柯 P 的口出炸彈也都習以為常，覺得「這就是柯 P！」笑笑就過了，只有少數公民倡議團體對他的失言，會仗義執言、耿耿於懷、大力批評，不過，已激不起整體社會的風波。

柯文哲越來越熟悉面對媒體後，以及他不經意地仍會口出驚人之語，讓他即使在中央小英政府一例一休、同婚立法、年金改革等著火的情況下，依舊能維持一定的媒體曝光度，雖未必是好的新聞曝光，但至少讓選民不會忘了柯Ｐ的存在，有提醒的作用，而這也正是柯團隊需要的，因為民眾是健忘的，壞新聞總會過去，但形象與曝光卻可以因日積月累的進入民眾腦中，而讓人忘不了台灣政壇仍有這麼一位柯氏，越接近選舉，讓柯文哲及其引領的話題持續成為街談巷議、下班後的茶餘飯後，只要選民向身邊人多談起柯文哲一次，就形同為他的名號做了一次人際傳播，也就越有利於他下次的選舉。

到了執政第二年，已不再耳聞柯文哲對每日新聞曝光的疲累抱怨，柯已視面對媒體為工作之一，也漸漸對記者提出的「難為情」問題，有了「應對之道」，比方說，當問及，下台南拜訪賴清德，是否是有意尋求賴支持二〇一八年選市長？柯Ｐ先是「唉呦」一聲後，不回應，或僅以「你是哪一台（電視台）的？為什麼要挑撥離間？」「你知道明天早餐吃什麼嗎？」「我要去上廁所」等含糊話語帶過，在有限的受訪時間內，很快就會有下一位記者跳出來問下一題，讓柯文哲能夠迅速脫身。

簡言之，柯文哲越來越熟悉媒體前的話語操作，早期，他將接受媒體訪問，視為「負擔」與「風險危機」，因為他總是多說多錯，到了任期第三年，開始視受訪為主導話題、爭取曝光、藉機與其他檯面政治人物對話、放話、施壓功用，而媒體也總是樂此不疲地跟隨，對於柯P的政治生涯來講，正面效益遠大於負面；因此，更多的口水戰、攻擊、諷刺、見縫插針是存在的，但這些作為，確實無助於一個柯P曾提到的、應努力的目標：「理性討論」公共議題。

對於柯文哲這樣一位幾乎是在全國擁戴下當選的市長，理應最有機會導正社會風氣，但顯然，他並沒有總是站在「為台灣總體好」的角度，運用媒體對他的關注引起帶有衝突性的話題，甚至激化對立，或為了做給另一派人馬看，或為了鞏固自己的政治利益，這一點，有讓人失望的地方，也能從中明瞭地看到，柯文哲的反操控媒體野心，而台灣競逐收視率的媒體生態，更多時候，記者只能這麼順著他的「反操控」，合力在選民眼前為柯P做公關地演出一齣又一齣政治劇碼。

而柯文哲既從網路上獲得政治好處、當上市長，自然要確保自己在網路上的

聲量與輿論於他有利。因此，柯Ｐ身邊始終有一群人，為他每天的發言與議題公布帶來的媒體風向作紀錄，分析素材以ＦＢ、ＰＴＴ、各家新聞熱點討論議題為主，幕僚會不斷反覆測試柯Ｐ說的什麼樣的話，會引導到什麼樣的輿論聲浪，輔以電腦軟體的數據分析、熱點分析、情緒分析、對策因應及公關操作經驗，數據化讓公關們比你我更知道你我的弱點，要如何攻下你我的心，轉而投票給柯Ｐ，也就易如反掌。

自古以來，掌握權力者，掌握制度；掌握制度者，掌握資源；掌握資源者，回過頭來鞏固權力。

市府團隊無疑地掌握了比一般小市民更多的權力，在這個權力底下，繼續吸納更多網路資源，利用這些資源，回過頭來鞏固權力，這自然是人性，卻也因此造成數位落差、資訊不對稱帶來的權力更加集中於市長個人的民主困境，人手一台手機的小市民，在取得市府內部資訊上，有極大的困難，即便是探索真相的記者，也總是受到想隱藏事實真相的掌權者設下的諸多阻礙，更不要說所謂的公開資訊，也僅止於想讓民眾知道的美化資訊，權力在你我的不知不覺中，更集中於掌權者，選舉時想辦法讓票入匭，也只是幕僚們在練兵四年後，最後的一場仗罷了。而我必須說，柯Ｐ與其領導的團隊，就是在台灣上演上述現象的典型代表。

一位長期投書到《蘋果日報》以筆名見人的「莫默」，分析柯文哲的內心世界，分析地相當精妙透徹，就連蔡壁如都交辦媒體事務組，向蘋果日報的記者打探此以筆名發文的作者究竟是誰，因為大家都懷疑他就是在府內看不下去柯文哲及其團隊之人。

莫默曾以「柯Ｐ的連任焦慮症」為題，敘說柯對媒體的操作，正好突顯了他強烈的連任焦慮。朱立倫曾公開說自己會選台南或新北，柯隔沒幾日，就直言「淡海輕軌會虧到不省人事」；當姚文智嗆大巨蛋案，柯文哲擦屁股擦太久，柯反嗆：「不需要提出問題的人。」

莫默直言，柯文哲在連任上有著一定程度的焦慮感，因為柯不是一個能安靜看著局勢變化的人，沉不住氣的性格，以及總要作些什麼來因應的慣性思考，讓他的情緒經常性地透過言語漏餡。

二〇一七年五月一日，行政院數位政委唐鳳到北市府內演講，柯文哲在座聆聽，唐鳳談及正夯的「假新聞」議題，唐鳳演講表示：「政府要做的是公開即時的回覆，政府自己不要放假消息，即時公開回覆就好，其他沒有什麼是政府要做的。」除此之外，他也提及媒體自律與民間自律：「若因為一兩次謠言，政府就收回更多的權力，長期來講是對民主不利的，權力要讓公民社會自治，這才是治本的方法。」

只見柯文哲當下面部表情一沉，顯然並不滿意的多問了一句「這樣不就是束手無策？」唐鳳接著表示，自己是個「無政府主義者」，「若政府管的再多，就可能侵害新聞自由」，柯文哲並沒有再回話，但表情看來更加不滿意了。

在全程聆聽直播時，在座的都可以感覺到，柯文哲對媒體由「政府掌控」一事的渴望，也相當期待能做到，背後的意涵彰顯了，柯P認為，當下的媒體表現並不盡如他意，他希望藉由掌控，來達到媒體合意，府內柯身邊的年輕幕僚也私下透露，柯在這方面的想法相當落後，也還是老式思維。

即便他身邊的策士對柯欲掌握媒體的作為不認同，但始終無法改變柯文哲身為一位強勢的長官，要求下屬絕對忠於自己的無聲語言，也無法改變媒體幕僚效忠的永遠是政治人物本身，不是台灣的民主，甚至不是真相，首都執政團隊短視的思維，注定了即便柯P未來有機會再攀權力高峰，在穩固個人政治利益，與維護新聞自由為台灣帶來的民主這兩個選擇中，前者，會是柯P的不二選擇。

因此，不意外地，柯文哲會為了查出消息走漏的那位府內同仁，動用粗暴的測謊手段了。

二〇一六年四月十二日上午，由我撰寫的一篇名為〈柯文哲的議會「教戰守策」　大巨蛋案六成議員支持解約〉的新聞，引起軒然大波。當天，正是市議會新的議期開議，下午，柯文哲例行要到議會做市政報告，媒體早已在中午就趕將攝影機架設完畢，等待柯文哲與議員們在議場上演的大戲。

這場以媒體為主要關注的大戲，柯文哲及其幕僚當然有所準備，事先透過府會聯絡人詢問議員們關心的議題不說，就當時最火熱的大巨蛋議題，不分黨派的各路議員早已磨刀霍霍，抗議的道具、標語少不了。

我在偶然的情況下，得知柯文哲的幕僚，為了幫柯準備在議會與議員的議事攻防材料，先一步用探問的方式，打探議員們對大巨蛋案的態度，我透過消息來源得知府內做了一份內參民調，民調統計顯示，有表態的議員中，六成支持與遠雄「解約」，由於大巨蛋去留事關公眾利益，因此決定加以報導。

當天下午，柯文哲進議會接受質詢，議員們拿我的這篇新聞質問柯文哲，怎能用「探問」的方式獲取議員意願，柯遭痛批之餘，遭議員集體要求，得查出內參民調流出的源頭。一個禮拜內送交書面報告給議會，作為交代，這件事就這麼鬧開了。

府內並不清楚是誰流出的資料，於是，兩位府內人士打給我詢問消息來源，以我所受的新聞教育，必須把消息來源咬到棺材裡，不能透露半字，柯文哲隨即透過各種方式要揪出與我接觸的此人。

府內開始調閱同仁的電話通聯，鋪天蓋地的搜查誰與我通聯、誰寄信給我，也透過廣佈在市府內的監視錄影機，逐層查找，比對我出沒的局處辦公室，透過內部會議與議事參與者的脈絡，鎖定三名可能人士，並對他們進行堪稱白色恐怖的「測謊」。這樣的作法，早已超過市議會要求交出調查報告的力度，粗暴做法，完全可以說是幕僚為遂行柯文哲個人意志的積極作為，是為達目的不惜濫用權力的性格展現。

一年後的二〇一七年，當我再度跟府內人員聊起二〇一六年發生的柯文哲測謊扯事後，才得知，原來，柯P並非第一次對記者的消息來源「測謊」，早在之前，柯便曾因為公車「里程計費」以他不樂見的方式見諸媒體，直接對交通局公共運輸處公務員測謊，市長室人員直接進公運處抓人，連當時的交通局長都來不及反應保護，同仁就被高層帶走、測謊。

前總統府資政辜寬敏評論柯文哲時，以「大好大壞」稱之，有其道理，柯文哲除了是個會把玩權力的人，更是個權力到手後，就難自我節制的人，加以，他腦中對權力的界線可以到哪知之不清，與一般人認知也有差距，更多地靠身邊人提醒，但願意留在柯 P 身邊又直言不諱者，已無。

柯文哲雖表面上看似每天與記者們互動，但實質上，對於真正在「監督」他的媒體，帶有強烈敵意。

就在二〇一六年六月發生「柯文哲測謊案」後，二〇一七年的三月三日到五日，柯文哲南下走訪台南市，與當時還是市長的賴清德見面，四日午間，賴清德在與柯 P 的晚宴上，兩人飽飯後逐桌敬酒，也包括媒體們，柯站到桌邊時，我恰巧站在他的旁邊，當下，他一看到我就露出頭痛的神情，隨即冒出一句：「你是我們想殲滅的對象。」

不過，我馬上意會到，那陣子我寫了特別多「大巨蛋」的幕後，那時的柯團隊屢屢對外放話，說遭停工的大巨蛋就要開工了，我以我深入追查巨蛋案的經驗，一聽便知是府內刻意放話的結果，是柯市府放出的假議題，是不可能的事，因復工前的相關行政程序皆不完備，柯會脫口說出「殲滅」，勢必是因這個時空背景下才說出的話，而二〇一七年初的市府，也已積極進入二〇一八年的選戰模式，各種市政要求成績外，也拼命用各種方式拉抬民調。

第二天，柯市府團隊參訪台南土溝社區營造，午間在農村享受午飯，柯文哲總是吃飯特別快的那一位，飯飽後，他開始在周邊走動觀望，我見柯難得落單，正是時候可以上前與他攀談的時候，加上對昨晚宴席間柯一句接近恐嚇的話有所疑慮，抓此機會，我上前開口詢問昨天的話是什麼用意？柯又重複了一次：「你是我們想殲滅的對象。」講話時，他的眼神偶爾地瞄我，這是他慣常的眼神語言。

「所以若我不見了，我要請我家人來找你囉？」「不是，要去找蔡壁如，你忘了她是血滴子嗎？」這是柯P的回應，他自顧自地走向他處，我當下一邊思考他話裡的涵義，瞬間有股涼意從脊髓湧上，回過神後，驚覺這已經是我們的首都市長柯文哲刻意釋放出的恐嚇信號，若追究起來，絕對有刑法上的恐嚇罪責。

殲滅用語從口中說出，突顯了柯P慣於將人套上是「敵」是「友」的標籤，將人與人之間，塑造成軍事對戰，「殲滅」是中國大陸共產黨用語，意在「消滅敵人」，好達到自己的政治目標。

這人不是別人，是我們的台北市長、首都市長柯文哲。

在權力握著的當前，柯文哲顯然並不願臣服在「新聞自由」是一個民主國家

不可或缺的重要力量、是政府防腐劑、是避免獨裁專政的想法之下，柯文哲更將媒體，視為兩種作用：其一、宣傳者，助其遂行意志，其二、敵人。

之後，又再度發生「封殺記者」事件。

二〇一八年台北燈節舉辦在即，卻爆發觀傳局長簡余晏請辭風波，及一連串的燈節黑幕，我參與了其中數篇報導，其中不乏揭開黑幕之事，包括副市長陳景峻與紙風車的標案疑雲。

二〇一八年一月份，有知情人士於臉書上，爆料柯文哲下令十一樓（市長室與三位副市長所在樓層）成員，封鎖我的手機，且在會議上，要求大家必須出示手機，以表忠誠。我也在第一時間打電話給北市府發言人求證，電話瞬間轉為語音信箱，跳脫當事人角色，我認為，柯文哲已實質阻礙一位記者行使其監督市政的天職。

許多記者聽聞這件事，紛紛開始追著柯文哲詢問，第一時間，出訪歐洲的柯P沒有否認，只說，台北燈節的問題有很多記者造謠，這對台北市政府造成很大的困擾，甚至造成內部互信基礎的影響。常常媒體記者是七分真三分假，並不是完全不對，但假的部分造成市府內部困擾，因此他要求，如果有涉及消息不正常外洩的人，自己就要有警覺去處理，在市府還沒想清楚應付假新聞或錯誤新聞的方法之前，相關人事都要為自己負責。

對於「封殺」二字，在他的話中，等於間接承認，只是換個說法，他說：「這也不是封殺，而是自己要有警覺怎麼處理。」他沒有否認要求內部不准接記者電話的動作。

基於他的沒有否認，《風傳媒》發出聲明：

《風傳媒》記者因調查台北燈節內幕，竟遭柯市府下令封殺，要求市府官員不接記者採訪電話，如此明目張膽封殺新聞之舉，已嚴重侵犯新聞自由，實非自許要達到透明公開的柯市府所當為。

柯市長競選時以白色力量自許，他也因人們的痛恨黑箱而高票當選；所謂的白色力量和傳統政客之所以不同，正是施政公開透明；事實上，理想的民主國家施政，正是盡其可能的公開來接受民意檢驗，媒體在此扮演重要的角色，透過第四權的監督，才能真正要求政治人物或政府落實公開透明的施政目標。

台北燈節耗資數千萬預算，連柯文哲都坦承，台北燈節未定讓他非常焦慮；此一攸關台北市民權益的事件，正是媒體該好好了解的；但柯市府卻因為媒體的深入追查而下令封殺記者，不但離公開透明甚遠，也嚴重違反了民主社會最重要

政治　國內

風傳媒聲明：請柯市長尊重言論自由

風傳媒 2018-01-29 20:50 30267人氣　簡　分享 1,888

柯市府因《風傳媒》記者報導台北燈節相關新聞，而下令市府官員封殺記者採訪。（蘇仲泓攝）

《風傳媒》記者因調查台北燈節內幕，竟遭柯市府下令封殺，要求市府官員不接記者採訪電話，如此明目張膽封殺新聞之舉，已嚴重侵犯新聞自由，實非自許要達到透明公開的柯市府所當為。

標題／風傳媒聲明：請柯市長尊重言論自由（作者翻攝自《風傳媒》網站）

的言論自由原則。

這已不是柯市府第一次作出侵犯言論自由之舉，二〇一六年六月柯市府不滿《風傳媒》對大巨蛋報導，要求政風處查辦洩密者，政風人員竟利用測謊追查，監察院因此糾正法務部，指部分政風人員作為，已侵害人民權益與新聞自由。

「身為台北市民，我們深切的感受到，過去幾年來，言論自由在倒退。國家機器不斷用威嚇、騷擾、甚至入人於罪的方式，打壓公民的聲音。在我主政的台北市，我首先要保障的，是所有人的言論自由，包括對政府、對我個人施政的批評，我都要積極保障。而且，我希望台北市能夠立法接納世界各地因為言論自由被打壓的人民，歡迎他們到台北來訪問、定居，讓台北成為一個最開放、最民主的城市。」

說這段話的不是別人，正是競選台北市長時的柯文哲；「無國界記者組織」去年在台北設立亞洲第一個辦事處，正是對台灣言論自由的高度肯定，然而，柯市府該捫心自問，其作為能否符合這樣的期許；柯市長也該問問自己，還記得競選時的初衷嗎？

隨即在隔天，二〇一八年一月三十日，無國界記者組織也發出聲明，譴責柯文哲的作法，文中還附上柯市長斗大的照片，一躍國際：

Reporters Without Borders (RSF) urges Taipei mayor Ko Wen-Je not to disparage journalists, whose reporting is essential for Taiwan's democracy.

After the Storm Media online newspaper yesterday accused the mayor of blacklisting one of its journalists for reporting details of preparations for a public event that were supposed to be confidential, the mayor reacted by accusing the Taiwan media of publishing news that was "30% false," the state-owned Central News Agency said.

NEWS
January 30, 2018

Taiwan: RSF urges Taipei mayor to respect journalists

TAIWAN　ASIA - PACIFIC　MEDIA INDEPENDENCE

Reporters Without Borders (RSF) urges Taipei mayor Ko Wen-Je not to disparage journalists, whose reporting is essential for Taiwan's democracy.

ORGANISATION
RSF_en

Taiwan: RSF urges Taipei mayor to respect journalists
（作者翻攝自無國界記者組織網站）

"An elected official, especially the mayor of a major city, should not be so quick to disparage the media, whose work is essential for democracies to function well," said Cédric Alviani, the head of RSF's Taipei-based East Asia bureau. "Journalists are just doing their job when they research and publish information in the public interest."

The Chinese-speaking world's only democracy, Taiwan is ranked 45th out of 180 countries in RSF's 2017 World Press Freedom Index, Asia's best ranking. But its politicians are not immune to excesses. During an appearance before parliamentarians last November, the defence minister insulted a reporter and boasted of having blacklisted her.

即便在遭無國界記者組織痛批，柯文哲卻仍大言不慚地在象徵民主殿堂的歐洲議會（其實只是旁邊的一個小會議室）演講時表示，「台灣沒有審查制度，根據「無國界記者」發表新聞自由指數排名報告，台灣是世界上言論自由程度很高的國家。『無國界記者』最近將亞洲總部辦公室從香港移至台北。」

柯Ｐ似乎沒有意識到，他又要借用無國界記者給台灣的言論自由桂冠，自己卻是狠踩這頂桂冠的人，不意外地，這也是柯Ｐ身為外科醫師，極端務實的展現！

只是，一般市民或許看不懂，但身在其中的有關人等，並非傻子，就在柯文哲封殺記者後，局處首長向我淡淡地說了一句「我們也是有判斷能力的……」

柯文哲在其近期出版的《光榮城市》新書中，言及他主政下的北市府與媒體的互動，他指出，「不少縣市政府，處理新聞時，不是處理問題，而是一旦遇到媒體批評，動輒打電話向媒體高層施壓，看能否把新聞抽掉；不然就是平常跟記者打好關係，讓記者不會去說他的壞話——在我主政下，台北市政府不會做這種事情……」

柯Ｐ本人當然不會親手從事這樣的事，但以我感知到的，媒體與政治幕僚卻很會看柯Ｐ眼色行事，在我主跑三年、每天接觸的柯文哲市政府，真的沒有那麼尊重新聞自由，我就曾接獲觀傳局的電話施壓，也曾在幾次報導柯文哲內幕的新聞後，接獲柯Ｐ身邊政治幕僚的示好電話，以及各種探問消息，遑論親身經歷測謊、恐嚇與封殺。

2

「柯 P 模式」有複製的可能嗎？

二〇一四年時期的柯文哲，像一股旋風，席捲台灣的選舉與政壇，讓原本政治冷感的年輕人，也成群結隊地穿上印有柯文哲圖樣的Ｔ恤，參加選前關鍵的一場挺柯Ｐ嘉年華遊行，就連戶籍不在台北市的年輕選民，都直呼可惜，好希望自己的一張選票，也能投給柯文哲。

不能否認地，柯文哲的人格特質及當時台灣的氛圍，造就了柯Ｐ今日仍有餘溫的政壇光環，也開始有許多人問起，柯Ｐ模式能夠複製嗎？我認為不太容易，時機也不大可能了！

柯文哲的成功，最主要歸功於當時台灣社會的兩大社會運動：「洪仲丘事件」及「三一八學運」，兩者有一個共通點，即長期以來對國民黨中央政府各方面的不滿，以及對被遺忘的公平正義的滿滿期待。

在洪仲丘事件中，因為軍醫對遭虐死的洪仲丘判決死因為「意外」，在洪仲丘遭虐的影帶曝光後，擺明放在眾人眼前的是洪在酷暑下遭虐脫水而死，報告睜眼說瞎話的程度，引起輿論譁然與忍不住的髒話，當時執政的國民黨中央政府，在各方面不得人心，自然成為萬夫所指、應負起全責的民眾指責對象。

身為急重症權威的柯文哲，當時也因其醫療專業，被媒體追問，推翻法醫認為的「意外」死因，而是軍中集體霸凌、凌虐致死案件！柯文哲的這個說法，在眾人聽來，更符合影片所見事實及期待，引起輿論一陣高度讚揚，到了「萬人送仲丘」晚會，柯文哲在這場號稱「八月雪」的晚會上現身，發表演說。

「我最生氣的並不是說他們造假或說謊，而是人都被你們整死了，你們竟然還誣賴他是因為不肯背值星帶，好像他被整死是應該的，這是我最不能接受的地方⋯⋯」這段話講完，瞬間爆起如雷掌聲，「其實老百姓要得很簡單，真相、道歉、改進」，二十五萬人群中出現一致認同的「對！」

「就醫學的觀點，我知道死亡的原因是中暑，但是造成中暑的原因在起訴書我還是看不出來，因為不可能五點三十五分，他還會講話，還好好的，到了六點二十分，他體溫會是四十四度C，這是不可能的，所以聽說馬英九已經逃到阿里山，即使你逃到阿里山，你還是要把真相交出來⋯⋯」人群中開始出現笑聲，也出現附和的嗚笛喇叭。

至於「三一八學運」，再度將社會中的不滿、突破現狀的渴望，推至高點，柯文哲及幕僚更藉此時勢，運用機會，有計劃性地在立法院內設置醫療救護站，也募集物資，柯文哲則是不時出現在會場精神喊話，再度勾起大家對柯文哲敢講真話的印象，與當時痛恨的偽善、特權相對應。

柯文哲的幾場演講下來，早已見他滿溢的政治野心，在洪仲丘的場，柯P不但有權威的醫學專業語言，也有政治性、群眾想聽的政治語言，能煽動群眾情緒，引起廣泛共鳴，而柯文哲在講詞中，直接點名馬英九的作為，也是柯文哲有意藉此場合，一吐過去怨氣的具體表現。

二〇一二年，柯文哲因「愛滋器捐案」移送監察院與公務員懲戒委員會，當時柯就直言：「國民黨不要逼我選台北市長。」二〇一三年，柯文哲又因國科會案，被調查局約詢，柯文哲心中的政治火苗再度被燃起：「國民黨不要逼我選台北市長。」但其實，柯文哲早就對政治蠢蠢欲動，二〇一〇年，便已參加阿扁開辦的凱達格蘭政治學校，成為第十期的學生，他只是在伺機而動。

兩起社會時勢，加上柯文哲擔任台大醫師三十年，用醫學專業救起的無數生命、幫助與累積的家屬後盾，以及他自認遭政治打壓已久、對政治早已蠢蠢欲動的不服輸性格、後期對選情助力甚大的個人特質、曾在二〇〇〇年擔任阿扁競選總統的台大後援會會長，這些因素加乘，共同為柯文哲奠基了成為這個時期新興風潮的力量。

在年輕人群中，柯文哲是個「流行」、「時尚」，但若看到本質，柯P的成功，需要台灣整體社會多年的能量累積，及他長期、具足的準備，也即柯文哲在事後歸納的「高築牆，廣積糧，緩稱王」，一切看起來是巧合、是命運，但其實各方面條件都是有計畫性地安排，只待時機成熟，炒出一盤好菜。

柯P現象不可複製，因為柯文哲是獨特的柯文哲，他所處的二〇一四年發生的洪仲丘案與三一八學運，也是台灣在該時機點發生的特殊事件，無法預測，柯文哲順勢而上，但下一個對台灣民眾有號召力的領袖在哪呢？我想，若不是再有一個如二十五萬人上街頭的場合，或如佔領立法院一個多月的三一八學運，恐怕很難再塑造出這樣一位亂世下的領導，以現今民進黨中央執政下的兩天一抗議、五天一遊行，幾乎每天都有不滿釋放，能量無法長期積累，也就難引發夠大規模的反政府運動，也就難在眾人的目光前，塑造出一個眾所注目的舞台，供那位群眾英雄發光。

結語

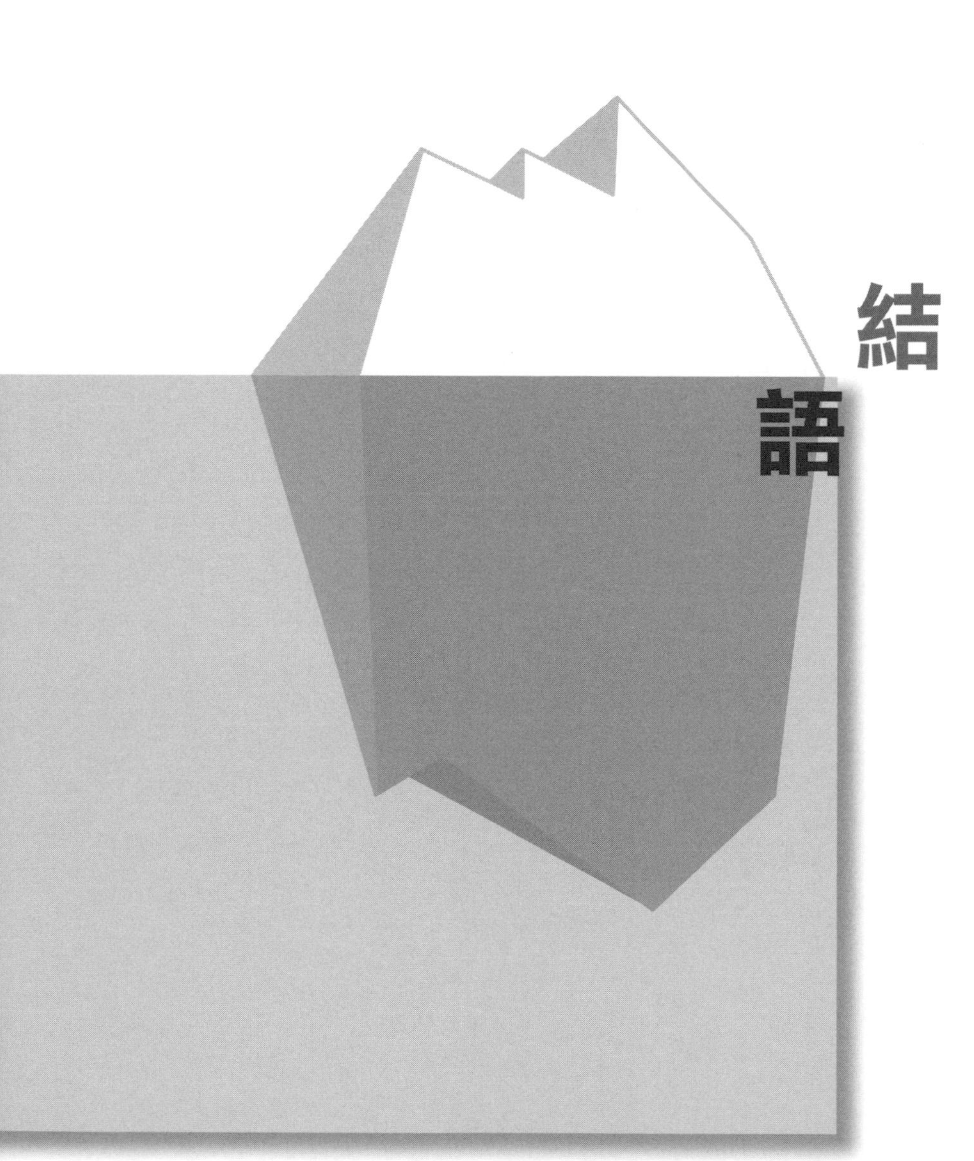

柯文哲的對手，
只有柯文哲

柯文哲的政治前途，不取決於外人，取決於他本身。

結語

柯文哲的對手，只有柯文哲

柯文哲第一任市長從政近四年，從選前對理想的喊出，到入市政府，遇到理想與政治現實之間的矛盾磨合，可以見到一位超級務實的外科醫師，時而融入組織、時而攪亂一池平靜政壇的過程，不過，說到底，柯文哲的政治前途，不取決於外人，取決於他本身。

每個行業都有其專業可言，政治這一行，當然也有其「專業」，然而，至目前為止，柯文哲仍不能說是一位專業的政治人物，表現在多個面向。

他的決策與發言，依舊帶有個人情緒與意氣用事的非理性：大巨蛋案中稱「怪怪的」、「貪婪的財團與複雜的政商關係」、「香港很無聊，香港只是個小島有什麼好玩的」，稱國際扶輪社有「四萬隻待宰肥羊」等。這些言詞乍聽之下很有梗，能搏得笑聲，但市長所言可能因此壞了許多好事，衍生額外爭訟、賠償，多說，無法服人，只有不斷地在媒體前強化柯文哲個體的存在，好笑之餘，卻也愈漸突顯眼前犧牲市政資源、成就自己名聲的欠專業市長。

即便四年，也還不足以培養柯P的政治專業能力與態度，包括對市政資源的專業配置；對人和政通的準確掌握；對小市民生活的熟悉；以及對諸如人權、女性意識的認知強化，同時，柯P在努力克服公務員及官僚陋習的無力感下，必須依舊保持前進的動力，這些都有賴時間來補充不足、克服性格缺陷。柯文哲

從網路媒體中來，本就是一日多變的網路風向，他看得懂，也往往迎合網路、媒體風向行事，如此，並沒有辦法真正帶領台灣進步。

從台大醫院到市政府、從醫師到市長、從拯救生命的葉克膜團隊到處理千頭萬緒市政的八萬公務員領導人，不變的是，柯文哲始終關注建立組織的「企業文化」，目標在「最好的管理，是不用不管理」，而如何讓一切都在既定的軌道上前進，就有賴SOP（Standard Operation Procedure）標準作業程序的建立，因此，上任之初，柯文哲廣泛要求公務員訂定SOP，也將既有的SOP修改、送審市長室批閱。

柯文哲對SOP的存在必要性，是這樣解釋的，制度總是會有宣達不全或者理解不同的問題，認知落差反映在執行上，個人解讀不同、做法不同，就會有不同的結果，只要有一套SOP，大家就有所遵循，就能快速步上軌道。

然而，八萬名公務員組成的團隊，早有既定的作法流程，雖未列出名為SOP的流程，但已有既定的運作軌道，柯文哲初到北市府，確實對很多沒有明確立出SOP的單位，要求制定SOP，也針對出了事的單位，要求修改SOP，以此保持制度彈性，這些都植基於柯文哲的外科醫師務實性格，以「解決問題」為唯一導向，是三十五歲就當上台大外科加護病房主任的柯文哲，琢磨出來的「柯氏管理學」。

然而，所謂的「柯氏管理學」，在能救活人是唯一王道的醫院適用，在政界，卻因柯Ｐ尚不具備受人敬仰的政治專業與本事，更多的是柯文哲本人赤裸裸的野蠻權力與威嚴壓境，無法服人服心，其結果便是：無法建立對己友善且忠心跟隨的市政團隊、政治團隊。即便在柯文哲最如日中天的第一任期內，身邊依舊只有有限願意靠攏的人，直到二〇一八年柯文哲的第二屆市長選舉逼近，依然只能重新起用過去的選舉人馬，部份還是之前開除又回鍋的，由此就能知道，這一屆四年的市長人脈拓展成效，只有因利而聚的幕僚們，幾無理念價值而聚攏的團隊。

這些人馬包含一群在二〇一四年為了幫柯Ｐ打仗而集結的民間「旱草聯盟」成員，以及二〇一四年選後，柯Ｐ不願給予職位狠撈一筆的人，他們多擅長網路觀察與操作，加上二〇一八年選舉至今，民進黨人的抵制、缺乏誠信的柯Ｐ總是心直口快得罪不少黨政人士，在在衝擊柯Ｐ延攬足夠的幕僚，更難找到願為他效忠的人才，就連台北市政，都經常性地因為柯與中央關係不佳，市政議題與中央溝通困難、牛步化。

如柯P新政的主軸：北市興建公共住宅、都市更新等重大市政的財物支援，中央曾幾次因為柯文哲本身的問題引發隔閡，讓北市的財務借貸牛步化，反過來侵蝕柯P的市政績效，最終受連累的依舊是小市民，但這些是在媒體上佔盡風光的柯文哲，絕對不會想對外透露的負面效應，更不會在喊出的「開放透明」下，公布給市民知道，呈現出來的，只是檯面上的好笑與熱鬧。

經過三年多，政治人物必備的人際關係，柯文哲並沒有將其良好的積累與擴大，在人氣高時，或還能靠民氣獲選，一旦民氣不再，迫於現實中的左支右絀，柯P自然得更多地向自己喊出的崇高理念妥協，來交換執政與選舉資源，以柯P的絕對務實，也可以預想到，於柯本人、於市政團隊，都會相當艱辛，而這也是一位台灣的政治素人，企圖顛覆台灣藍綠分野政治所面臨的最直接的困境。

也因柯P管理學中缺乏「人和政通」元素，做事的過程總能得罪不少人。如蔡壁如多次將手直接越級深入局處、下達命令，雖替市長將事情解決了，長期而言，卻難建立柯P與公務員緊密的信任關係，微妙的不滿心理自然在屬下心中蔓延，處處可聞，成了領導危機。

當府內的SOP修整的差不多後，柯文哲更進一步推動「策略地圖」與「精實管理」，意圖進一步打破盛行在公務環境中的「多做多錯，不做不錯」氛圍，延續他在醫院中「解決問題」導向的思考，對問題作「根本原因分析ＲＣＡ」等，因此，可以說，柯市府從根本上耙梳了不少沉積多年的市政舊疾，像是棘手的中山區大彎北段違法商業宅、內湖工業宅、違建等棘手問題，當然，也包括最為人熟知的大巨蛋案。

這些前朝不願意觸碰的市政舊疾，不論是基於柯文哲過不去自己心裡那一關的理由，或擔心後面的市長咎責於他的思考，不可否認的，柯文哲確實有別於前朝，願意去解決，不論處理得如何，他一定程度抵擋了外界壓力、面對問題，並跨出解決問題的第一步，值得嘉許，只不過，因為經驗的缺乏及權力傲慢，犯下許多不可逆的錯誤，需由全民埋單。而團隊成員不足，隻身抵抗政治壓力的毅力能持續多久？會不會僅止於一陣疾風勁草，不久後同流，仍有待觀察；因為在我跑市政的一千多個日子中，總是能發現柯文哲對自己與對他人，能輕易地出現兩套標準，如：其他政治人物用親信，柯文哲會諷「酬庸」，柯Ｐ自己用了親信，卻能說出「不是認識的（人）就不能用」。

對柯Ｐ來說，翻轉政治的無力感是存在的，在沒有政黨奧援下，他需要強大堅定的意志，才能一夫當官，加以沒有人能始終在民意的高點，當沒有高民調做後盾時，會是全然不同的決策背景條件，好比柯文哲大刀闊斧取消重陽敬老禮金，在長者的選票壓力影響民調下，他並非沒有動搖而有意恢復，即便他曾相當自豪在台大醫院的壓力艙歷練過，也是社會局長許立民以官位誓死保護這道政策，才讓柯Ｐ放棄恢復，此時，柯的平均民調尚有四到五成，在政治上都還具有一定民氣時，就能見到他的搖擺，何況人無百日紅，民意總有墜落的時候？屆時，政策又會向民粹妥協到什麼地步？

綜合各家市政滿意度的數字，柯文哲個人民調的最高點要算二〇一五年一上任時攻擊以大巨蛋案為首的五大弊案，以及二〇一六年，過年期間用八天時間快速拆除忠孝橋引道、重現北門古蹟，兩者都讓柯Ｐ的民調支持度上衝到八成，較上一位綠營市長陳水扁時期的六成五更高；而最低點，要算是二〇一六年四月份的小燈泡遭無預警割頸事件，下挫至四成，柯Ｐ的民調最高與最低可以相差到四成，差距之大，史無前例。

柯文哲對民調的起伏不定相當清楚，民調一旦因眾人的不耐而要下挫，便會毫不留情，如此的背景脈絡，讓柯文哲在做決策時，對政策造成民調的起伏異常敏感，換言之，網路輿論可以比任何政治人物都快地捧紅柯Ｐ，也可以比任何人都快的讓他落水，柯的心中不可避免產生的驚懼，會成為心中一道永遠的「指導」，而長期觀察，可以看出柯的語氣會隨高低或狂妄、或低迷，他並沒有太多能不受民調起伏牽制的抵抗力，民調也或將長期干預著柯文哲的每一道決策。

柯文哲在選前喊出的「推倒藍綠高牆」，到了選後，在他「個人」身上，還是可以看到許多嘗試與努力達到的痕跡；只不過，柯文哲上任市長四年，台灣政壇並沒有因此變得比較不藍綠對立、不政治鬥爭、不為政黨服務，因此，柯文哲在選前聲稱想要打破的台灣政壇陋習，目前仍僅止於他個人能決定的範圍內，影響有限。

在藍、綠議員向柯文哲索要地方建設來討好選民時，柯文哲多能以是否真的需要的角度，來檢視是否該編列預算給予，不因黨派顏色，較前朝對市政有不同的視角。曾有國民黨議員向柯Ｐ爭取在里內增設電梯，方便老人家上下層樓，柯Ｐ親赴視察後，當場就批准動用第二預備金、設置電梯，讓這位始終站在柯Ｐ對立面、媒體上把柯Ｐ罵到臭的藍營議員，也不禁私下直言柯Ｐ的不分藍綠。

柯文哲有個大罩門，就是極為單薄的生活經驗，對持家、理財、家庭都有著極為單薄的經驗，對人權、新聞自由、女性、同性婚姻等觀念認知意識也缺乏，這些都讓他在說話與做決策時，困於既有的經驗，作出與人民的心裡距離很遠的

決定，若此時幕僚不願意或不敢於直言，則形成無效決策、付出龐大決策成本、引導錯誤社會思考的前例將會持續重演。

不可諱言的，許多柯P上任後看到的問題，往往已無解，柯要做的是防範未來，而一個人要改變環境，是難上加難的，他所謂「眼裡不要只有藍綠」、「該怎麼辦，就怎麼辦」，在柯P主政台北市長之際，面臨相當多的侷限性，特別是與中央、其他縣市的政治人物交往、議題合作時，多的是力不從心，當年他舉起的理想大旗，在他沒有足夠的政治能量、擁有專業政治人物該有的特質前，柯P都很難達成。

政治相當複雜，特別是政治中與人有關的事，更是複雜中的複雜，柯文哲雖然在白色巨塔中，歷經全台堪稱最聰明一群菁英的爭鬥，可畢竟當時柯P在醫療領域有長年累積出來的世界頂尖葉克膜專長，再怎麼鬥輸，仍能有不錯的立身之所。

然而，**進入政治圈後，柯P除了暫時還能倚靠的民氣，並沒有能立於不敗的優勢。他沒有廣泛的人脈、練達的政通人和、豐富的生活經驗、熟練的資源分配等用時間經驗堆疊出的「政治專業」，他的決心、勇氣、毅力等優良個人特質，**

只要碰到了民調低落、當選危機，就無法勇往直前地存在，不論是像花媽一般與眾人友好的溫暖本事，或王金平般縱橫捭闔的政治手腕，柯P都尚無；沒有派系奧援的柯P，終究只能靠自己摸索前進，缺點自己發覺、自己克服，遇到來自外界的政治杯葛，自己體會、自己修補，依舊單打獨鬥，身邊的政治幕僚在柯P的威嚴領導下，少有人敢說真話、實話，蔡壁如也僅是柯P命令的忠實執行者，無法在大是大非前，給予柯P足夠的判斷協助，北市府內一人打仗的情況，執政四年內，改變無多。

「柯文哲的對手，只有柯文哲」，柯文哲在台灣政壇走出一條全然不同於其他政治人物的路，他也一直這麼對自己期待：「從現在起，由我來重新定義政治人物」，柯P只有不斷突破自己，讓人看到一個不斷進化、走向更「專業化」的市長，才能夠在藍綠都唱衰、詆毀，甚至聯手要將他鬥倒的時候，依舊創造綿長而馨香的政治炫風，而非一時公關操作後的熱鬧，尤其，選民對於執政者越趨嚴格與沒有耐性，只有這樣，他才能持續獲得執政機會來養成他在政治上的必要專業，精進歷練，踏實雕琢，也才有可能放眼更高的位子，達成他口中所想、在台灣歷史上留下的字句：「這個人的決心與勇氣，改變了台灣的歷史」。

「柯文哲的對手，只有柯文哲」，柯P或許能在日後的政治歷練中，更熟穩政策，但需要改變的是，他的性格本質、團隊領導力，都讓他沒有衷心跟隨的梯隊，無法將格局做大，如此，柯文哲便只能在政壇繼續形單影隻地為台北鋪鋪腳踏車道、建建鄰里公園，市政成績不會如同他在新聞上的「笑梗」一般亮眼，甚至缺點反噬施政、阻擋施政，讓他想鋪個腳踏車道、蓋個公宅，受制於其他條件的缺乏，而無法獲得透過政治人情就能夠解決的援助。

「柯文哲的對手，只有柯文哲」，柯文哲將政治不按常態地玩，玩出了台灣政壇的趣味，也玩出了民眾對新型政治人物的高度期待，期待高了，若柯文哲無法在有限的時間內培養具足的扎實政治實力，逐步滿足民眾對新政治的深層期待與化解台灣社會中的不耐情緒，仍僥倖地以政治公關、媒體技巧維持民氣，則他就沒有資格被稱作一位專業的政治人物，墜落只會提早，遑論帶領台灣人民走出突創性的道路，更沒有辦法在台灣的歷史簿上留下令人尊敬的一頁篇章。

結　語

【渠成文化】風傳媒 臻選 001

表裏柯 P：迷思與真相
市政記者的柯文哲千日紀實

作　　　者　王彥喬
新聞內容授權　風傳媒
圖 書 策 劃　匠心文創
發　行　人　張文豪
出 版 總 監　柯延婷
執 行 編 輯　蔡青容
特 別 感 謝　柴蓉珍
封 面 繪 圖　伍樓商業設計
封 面 協 力　L.MIU Design
內 頁 編 排　邱惠儀
E - m a i l　cxwc0801@gmail.com
網　　　址　https://www.facebook.com/CXWC0801
總　代　理　旭昇圖書有限公司
地　　　址　新北市中和區中山路二段 352 號 2 樓
電　　　話　02-2245-1480（代表號）
印　　　製　鴻霖印刷傳媒股份有限公司
定　　　價　新台幣 380 元
初 版 一 刷　2018 年 10 月

ISBN 978-986-96927-2-4

國家圖書館出版品預行編目（CIP）資料

表裏柯P：迷思與真相 — 市政記者的柯文哲千日紀實 / 王彥喬著. -- 初版. -- 臺北市：匠心文化創意行銷, 2018.10
面；　公分. -- (風傳媒 臻選；1)
ISBN 978-986-96927-2-4（平裝）

1.臺灣政治

573.07　　　107015741